Le Secret du Ménage.

LA FRANCE
DRAMATIQUE
AU DIX-NEUVIÈME SIÈCLE.

CHOIX DE PIÈCES MODERNES.

LA CITERNE D'ALBI,
DRAME EN TROIS ACTES.

C. T.

713—714.

PARIS.

C. TRESSE, ÉDITEUR,
ACQUÉREUR DES FONDS DE J.-N. BARBA ET V. BEZOU,
SEUL PROPRIÉTAIRE DE LA FRANCE DRAMATIQUE,
PALAIS-ROYAL, GALERIE DE CHARTRES, Nos 2 ET 3.
Derrière le Théâtre-Français.

1841.

LA CITERNE D'ALBI,

DRAME EN TROIS ACTES,

PAR

MM. *Adolphe* D'ENNERY ET GUSTAVE LEMOINE,

AUTEURS DE *LA GRACE DE DIEU*,

Représenté pour la première fois à Paris, sur le théâtre de la Gaîté, le 20 septembre 1841.

DISTRIBUTION DE LA PIÈCE.

HUBERT-CASTAGNARI, dit le Catalan, postillon............ MM.	DELAISTRE.
M. DELALONDE, procureur du roi.......................	SAINT-MARC.
JULES DURVILLIERS, jeune médecin..............	GOUGET.
LALOUETTE, postillon (1er comique.)....	CHARLET.
BOULE-D'AMOUR, postillon............................	D'HARCOURT.
FRANÇOIS, postillon.................................	LAISNÉ.
Mme DELPORTE, aubergiste (1er rôle.)............ ...... Mmes	GAUTIER.
Mme LEBLANC, maîtresse de poste....................	MÉLANIE.
ANTOINETTE, fille de Mme Delporte...................	AMY.
JEANNETON, suivante................................	LAGRANGE.
POSTILLONS, VILLAGEOIS.	

(La scène se passe, de nos jours, dans un petit village, près d'Albi.)

ACTE PREMIER.

Une place de village, traversée par une route bordée d'arbres. A droite de l'acteur, l'entrée de la poste. A gauche, salle basse, servant de bureau, avec une fenêtre, faisant face au public.

SCÈNE I.

LALOUETTE, JEANNETON.*

(Au lever du rideau, plusieurs postillons sont en scène; Jeanneton tricote sur un banc, près du bureau; Lalouette entre par la droite, en bâillant; il a une queue et des grosses bottes.)

LALOUETTE, bâillant.

Ah!... ça doit être à moi d'enfourcher le poulet d'inde... pas vrai?

JEANNETON.

Du tout, du tout, monsieur Lalouette, votre tour est venu; mais vous dormiez!... comme il s'agissait d'une riche berline à conduire, on n'a pas voulu troubler votre sommeil, un autre a pris votre place, et y roule à présent.

LALOUETTE.

Un autre! cré coquin!... un autre a pris ma place... (Aux postillons.) Est-ce vrai, vous autres? (Les postillons descendent en scène.) Ne ne me dis pas lequel, Boule-d'Amour, je veux le deviner...

---

(1) Les indications sont prises de la gauche et de la droite de l'acteur. Le premier inscrit occupe toujours la première place, à droite.

(Il les passe en revue.) Vous v'là tous au grand complet, il ne manque que ce sournois d'Hubert!... (Après un instant de réflexion.) Je parie que c'est lui!

JEANNETON, riant.

Tiens, c'té malice!... puisqu'il n'y en pas d'autre absent!...

LALOUETTE.

Mais je le trouverai donc toujours sur mon chemin, cet affreux Catalan! ce postillon de malheur, ce serpent à grosses bottes!

JEANNETON.

Mais, monsieur Lalouette, qu'est-ce qu'y vous a donc fait, le Catalan?

LALOUETTE.

A moi?... rien du tout... Oh! je le voudrais bien qu'il m'aie fait quelque chose... Mais qu'il y vienne donc, un peu, me faire quelque chose... mais qu'il y vienne donc, mon Dieu!...

JEANNETON.

Alors, pourquoi le détestez-vous?

LALOUETTE.

Pourquoi?... parce que...

BOULE-D'AMOUR.

Parce que... quoi?

LALOUETTE, s'animant.

Parce que, de simple rien du tout qu'il était, en venant ici, il y a deux ans, il se trouve aujourd'hui qu'il veut faire le maître!... parce qu'en arrivant, il n'avait qu'une chemise : et qu'aujourd'hui il en a trente, et à jabot. (Jeanneton et les postillons rient. Lalouette avec plus de force.) Enfin, parce qu'il mène les chevaux avec des gants jaunes... les jeunes filles avec de belles paroles, et vous tous par le bout du nez!

LES POSTILLONS.

Par le bout du nez!

LALOUETTE.

Oui, tous!... excepté moi. (Frappant violemment sonnez.) Il n'y touchera pas à celui-là... qu'il vienne donc y toucher... à celui-là!

JEANNETON.

Ah bah! vous dites ça, et s'il était là, vous feriez comme les autres.

LALOUETTE.

Jamais!

JEANNETON.

C'est qu'il a servi, dà! M. Hubert.

LALOUETTE.

C'est lui qui le dit... J' suis connu moi!... Jérome Désiré, dit Lalouette, né natif des Avalets, près d'Albi. Tout un chacun sait bien que je n'ai jamais eu ni père ni mère!... Mais lui, d'ous'-qu'il est?... Il s'est présenté un soir, à la poste d'Albi, très mal vêtu, disant qu'il arrivait de Catalogne, où on l'avait nommé fourrier, à cause de sa belle écriture... Après ça, je suis son ennemi, mais je rends justice à sa bâtarde et à sa coulée! Hubert, vous avez une belle coulée!

JEANNETON.

Sans compter que M. le magister n'en a pas une pareille!... Il fait de sa plume tout ce qu'il veut, M. Hubert.

LALOUETTE.

Pendant la maladie de feu le patron, qu'on l'aie mis à la tête des registres... dans ce bureau... toujours vu sa belle écriture, c'est peut-être encore juste!... mais voilà que feu le patron étant mort, on parle de son mariage avec la veuve inconsolable!... ça ne se doit pas, ça ne se doit jamais!... c'est à moi que ce grade-là revenait, de droit!

JEANNETON.

A vous!.. pourquoi ça?

LALOUETTE.

Dam! j'ai commencé par être dernier postillon... après, j' suis passé troisième postillon... après, second postillon... enfin, premier postillon...

TOUS.

Eh ben? eh ben? après?

LALOUETTE.

Eh bien! après, je dois tout naturellement passer second bourgeois.

TOUS, se moquant de lui.

Ah! ah! ce pauvre Lalouette!...

LALOUETTE.

Dam!... par droit d'ancienneté... les belles écritures ne font pas toujours les bons maris.

JEANNETON.

Mais si M. Hubert plait à notre maîtresse?

LALOUETTE.

Lui!... elle ne l'aime pas!... c'est des idées qu'elle se fait.

JEANNETON.

Oh! notre maîtresse a du caractère, et elle ne fait que ce qu'elle veut. Ecoutez donc, c'est qu'il est fièrement bien à cheval!... et le dimanche, au bal du village, faut voir comme il en détache!...

LALOUETTE.

Mon Dieu! mon Dieu! ça fait mal!.. C'est pourtant avec ça qu'il engeôle toutes les jeunesses!... Mais des entrechats à six... j'en ferais aussi, si je voulais!... moi, et à douze! et à seize!... c'est pas malin!... tenez... (Il danse.) Ah! j'peux pas, à cause de mes grosses bottes. (Tout le monde rit.) Vous riez, parce qu'il vous commande, parce qu'il vous mène tous, par l'endroit que je disais tout à l'heure; oh! Dieu! mais c'est donc du jus de guimauve que vous avez dans les veines?

JEANNETON, allant au fond. On entend les grelots d'un cheval et claquer un fouet de poste.

Tenez, le voilà qui descend de cheval.

LALOUETTE.

Qui ça?

JEANNETON.

Eh bien! lui, M. Hubert!

TOUS, courant au devant de lui.

Le Catalan! le Catalan!

ACTE I, SCÈNE III.

LALOUETTE.

C'est ça... allez faire des courbettes... allez lui tenir l'étrier !... Moi, je n'y vais pas, je ne suis pas son domestique.

SCÈNE II.

Les Mêmes, HUBERT, habit de postillon, gants jaunes.

HUBERT.

Ouf !... quelle poste !... les voyageurs ont dû être satisfaits... aussi, dix francs de guides et un coup d'œil de la plus jolie petite femme...

LALOUETTE, à part.

C'est à moi que ça revenait... c'est encore ça qu'il me vole, le scélérat ! Garde le coup d'œil, brigand !... mais rends-moi mes dix francs.

HUBERT.

Aussi, camarades, c'est moi qui régale ! voilà les dix francs !... (Lalouette tend les mains, il les donne à un autre.) Souvenez-vous que c'est aujourd'hui la sainte Thérèse, la fête de notre bonne maîtresse, vous les boirez à sa santé.

TOUS.

C'est dit, c'est dit !

LALOUETTE, à part.

Mielleux, va !

HUBERT.

Eh bien ! Jeanneton, qu'est-ce que tu fais là... Mme Leblanc doit avoir besoin de toi.

JEANNETON.

J'y vais, monsieur Hubert, j'y vais...

(Elle sort.)

LALOUETTE.

Bon ! et d'une !... v'là l'exercice du nez qui commence.

HUBERT.

Toi, Boule-d'Amour, quand tu me selleras le porteur, tâche d'être un peu plus à ce que tu feras ; tu m'as mis des étriers de six pieds, comme si j'avais les jambes de ce grand imbécile de Lalouette.

LALOUETTE, riant aux éclats.

Attrape ça, Boule-d'Amour !... et il ne répond rien, le sans cœur !

BOULE-D'AMOUR.

Ça n'arrivera plus, monsieur Hubert.

LALOUETTE, indigné.

Mais je bouts !... je bouts ! ma parole sacrée !

HUBERT.

Toi, François, tu montes toutes les côtes au pas, et tu les descends au galop...

FRANÇOIS.

C'est vrai, monsieur Hubert : mais il y a vingt-quatre ans que j'ai c't' habitude-là...

HUBERT.

Je te donne vingt-quatre heures, pour t'en défaire ; ou, sans cela, tu seras libre de courir la poste à ton compte, mon garçon.

FRANÇOIS.

On s'y conformera, monsieur Hubert.

LALOUETTE, à part.

Vieux couard !.. va ! mais c'est toujours à celui-là qu'il s'adresse... je l'ai remarqué...

HUBERT.

Quant à toi, Lalouette...

LALOUETTE, se redressant et d'une voix sonore.

Quant à moi... quoi ?...

HUBERT, après avoir réfléchi.

Rien, rien... je n'ai rien à te dire...

LALOUETTE, fièrement.

Ah ! ah !

HUBERT, allant s'asseoir sur le banc.

Seulement... tire-moi mes bottes...

LALOUETTE.

Qu'est-ce qu'il dit ? vous dites ?

HUBERT, plus fort.

Je te dis... tire-moi mes bottes !... est-ce que tu ne m'as pas entendu ?

LALOUETTE.

Si fait, si fait. (Fort.) Et je réponds...

HUBERT, allant à lui.

Qu'est-ce que tu réponds ?...

LALOUETTE, plus doux.

Je réponds... Je vas vous tirer vos bottes. (Riant à part.) Son audace m'amuse...

HUBERT.

Allons, dépêche-toi... (Il les lui tire et les jette à terre.) Porte-les à l'écurie.

LALOUETTE.

Que je les...

HUBERT, plus fort.

Porte-les à l'écurie.

LALOUETTE.

Je les y porte ! (A part.) Son audace m'amuse de plus en plus...

(Il va s'éloigner, Mme Leblanc sort de la poste.)

SCÈNE III.

Les Mêmes, Mme LEBLANC. Elle est toujours mise avec coquetterie.

BOULE-D'AMOUR.

Ah ! v'là madame Leblanc !

TOUS.

Bonjour, madame Leblanc ! votre serviteur, madame Leblanc.

Mme LEBLANC.

Bonjour, mes enfans, bonjour. Bonjour, Hubert.

(Elle lui tend la main.)

LALOUETTE, revenant et allant à elle, en riant.

Pardon, si je vous quitte, madame Leblanc... mais c'est que je porte les bottes de M. Hubert à l'écurie.

Mme LEBLANC, sans faire attention.

Eh bien ! va, mon garçon, va...

LALOUETTE, appuyant.

Il m'a *ordonné* de porter ses bottes à l'écurie.

Mme LEBLANC, froidement.

Et tu ne te presses pas beaucoup de lui obéir, il me semble.

(Elle descend la scène.)

LALOUETTE.

Mais, c'est que j' trouve ça infiniment...

HUBERT, lui donnant un coup de pied au derrière.

Mais va donc, grand flandrin !

LALOUETTE.

Oh !...

BOULE-D'AMOUR, riant.

Qu'est-ce que tu dis d' ça?

LALOUETTE, se frottant avec dignité.

Ce n'est toujours pas par le bout du nez qu'il me mène, moi.

(Tous les postillons rient et sortent avec lui par la droite.)

SCÈNE IV.

HUBERT, Mme LEBLANC.

HUBERT.

Enfin, ils sont partis! nous voilà seuls... et nous pouvons causer un instant de nos petites affaires, sans importuns, sans étrangers. Chère Thérèse, depuis ce matin que je suis absent, il me semble qu'il y a cent ans que je ne vous ai vue.

Mme LEBLANC.

Et moi donc, monsieur, le temps me dure joliment, quand vous n'êtes pas là! Et vous, avez-vous pensé à moi?

HUBERT, la prenant par la taille.

Pauvre petite mère !... demandez donc ça à nos chevaux... Je ne suis pas plus tôt parti, que je voudrais être de retour... et alors, je les mène d'un train!... et quand je suis rentré... et que je vous retrouve toujours gaie, toujours bonne, toujours heureuse !... Alors... (D'un air sombre.) ça me console de mes chagrins.

Mme LEBLANC, avec intérêt..

Tes chagrins, Hubert? Est-ce que tu en as ?...

HUBERT.

Quelquefois... quand je réfléchis... et puis voyez-vous, ce n'est pas commode à conduire une maison comme la vôtre! et feu M. Leblanc était un fier homme !

Mme LEBLANC.

C'est vrai, mon pauvre défunt !... Mais pas si intelligent que toi! pas si actif... il ne savait pas se faire obéir.

HUBERT.

Ah! dam! il faut que je sois plus sévère, moi! C'est tout simple... les autres se demandent de quel droit je leur donne des ordres... ils se souviennent de ce que j'étais, de ce que je suis encore...

Mme LEBLANC.

Patience !... ça finira.

HUBERT, lui prenant la main, avec joie.

Vrai?

Mme LEBLANC, en confidence.

Bientôt.

HUBERT, à mi-voix.

C'est donc décidé ?...

Mme LEBLANC.

Tout à fait.

HUBERT, vivement tout ce couplet.

Et en m'épousant, vous ne craindrez pas les jalousies, les cancans et tout ce qu'on dira ?...

Mme LEBLANC.

Que m'importe !

HUBERT.

Que vous épousiez votre postillon...

Mme LEBLANC.

Si ça me plait !

HUBERT.

Un homme de rien !

Mme LEBLANC.

S'il est bel homme...

HUBERT.

Qui ne vous apporte pas de fortune.

Mme LEBLANC.

Si je lui donne la mienne !... ne suis-je pas libre, indépendante? sans autre parent qu'un neveu de mon mari !...

HUBERT.

Ah! oui, M. Jules Durvilliers, votre neveu! qui vous a quittée quelques jours après mon entrée dans votre maison, et que j'ai à peine eu le temps de connaître; il m'avait l'air d'un brave jeune homme !

Mme LEBLANC.

Lui! un ingrat! qui après avoir été élevé dans notre maison, est parti... sans motif !

HUBERT.

Sans motif!

Mme LEBLANC.

Un désespoir d'amour !... Pour qui? C'est ce que personne n'a jamais su, c'est ce dont je ne m'inquiète guère, parce qu'après tout, je ne lui dois rien !... Tandis que toi, Hubert, tu as pris soin de ma maison, depuis mon veuvage, je l'ai vue prospérer et grandir, grace à tes soins... C'est de la bonne amitié, ça; et puis, je crois qu'il y a bien aussi un peu d'autre chose?...

HUBERT, à demi-voix.

Oh! oui, allez !... et ça m' tient d'une fière force !...

Mme LEBLANC.

Tout ça ensemble fait que je me suis décidée, et tu sais que quand une fois j'ai pris une résolution...

HUBERT, lui prenant la main qu'elle lui tend.

Quel bonheur !... et comme on va me l'envier !... Ils sont si vaniteux, qu'ils se croient tous dignes de vous !... mais il n'y en a pas un qui sache

ACTE I, SCÈNE VII.

comme moi ce que vous valez !... Les uns vous aiment, parce que vous êtes belle !... les autres, parce que vous êtes riche !... (Avec intention.) très riche, à ce qu'on dit ?...

Mme LEBLANC.

Et on dit peut-être vrai.

HUBERT, avec feu.

Ah ! Eh ! bien ! moi, je vous aime, parce que vous êtes bonne !... parce que chaque jour je découvre en vous de nouvelles qualités... et, quant à votre fortune, si je ne craignais pas de déshériter nos enfans...

Mme LEBLANC, riant.

Nos enfans ?...

HUBERT.

Dam ! ceux que nous aurons, car enfin...

Mme LEBLANC.

C'est bon !... c'est bon, ne parlons pas de ça.

HUBERT, jouant le désintéressement.

Si fait, parlons-en, car je compte bien en avoir... et beaucoup !... Eh bien ! sans ces pauvres petits chéris à venir, je vous dirais : Madame Leblanc, ne retardez pas davantage mon bonheur ; et, quant à votre fortune, ah ! mon Dieu ! gardez-la pour ce neveu... pour ce M. Jules Durvilliers, auquel je serais le premier à tendre la main, s'il revenait au pays !...

Mme LEBLANC.

Hubert... tu es un brave et honnête garçon !... et ce que tu dis là me déciderait à faire faire notre contrat, aujourd'hui même... si...

HUBERT, vivement.

Si ?...

Mme LEBLANC.

S'il n'était fait depuis hier, monsieur...

HUBERT, ne pouvant maîtriser sa joie.

Depuis hier !... il se pourrait !...

Mme LEBLANC.

C'est une surprise que je vous ménageais, pour ma fête. Courez chez le notaire, il vous le remettra...

HUBERT.

A une condition, c'est que tu me laisseras prendre un baiser, pour me donner des ailes et aller plus vite.

Mme LEBLANC.

Allons, prenez-en deux... embrasseur... ça vous en donnera aussi pour revenir.

HUBERT, après l'avoir embrassée.

Adieu... adieu, ma petite femme.

Mme LEBLANC, très gaîment.

Adieu, adieu, notre homme.

HUBERT, à part.

Son mari !... enfin !

(Il sort en courant par la gauche.)

SCÈNE V.

Mme LEBLANC, le regardant aller.

Cher Hubert !... comme il m'aime !... (Réfléchissant.) Il a raison, ce mariage va joliment faire jaser dans le pays, surtout Mme Potard la meunière !... qu'est si mauvaise langue... une vipère !... — (Ton mielleux.) Vous savez, voisin, la nouvelle ?... Mme Leblanc se marie ! — Ah ! bah ! — Avec M. Hubert. — Le galant postillon ?... — Elle avait ses raisons !... une femme a un mari, ça répare tout... s'il ne l'était pas, il l'est devenu !... et patati et patata !... parce qu'elles enragent toutes !... parce qu'elles voudraient toutes me l'enlever !... Mais j'ai pris les devans, mesdames, et plus d'une d'entre vous assistera à ma noce, comme on dit, avec un béjaune et le nez bien alongé !... Ah ! ah ! que ça va donc m'amuser !...

SCÈNE VI.

Mme LEBLANC, JEANNETON.

JEANNETON, d'un son suppliant.

Madame...

Mme LEBLANC.

Qu'est-ce que tu veux, Jeanneton ?

JEANNETON.

C'est pas moi !... c'est Mme Delporte, l'aubergiste de Saint-Pithon, qui est là.

Mme LEBLANC.

Mme Delporte... qu'est-ce qu'elle me veut ?

JEANNETON.

Elle est venue avec Antoinette sa fille, votre petite ouvrière... et elle dit qu'elle voudrait bien vous parler.

Mme LEBLANC.

Eh bien ! qu'elles viennent...

(Mme Delporte paraît suivie d'Antoinette, par la droite.)

JEANNETON.

V'là madame... vous pouvez lui parler. (Bas.) Elle est bien bonne, allez... n'ayez pas peur !... de l'hardiesse, de l'hardiesse ! (Elle sort.)

SCÈNE VII.

ANTOINETTE : très triste et baissant les yeux, Mme DELPORTE : toutes deux ont le costume du pays ; Mme LEBLANC.

Mme LEBLANC.

Bonjour, mère Delporte ; bonjour, petite. (Antoinette fait la révérence.) On dit que vous avez une demande à me faire... Eh bien ! vous ne pouviez mieux choisir votre moment... je suis heureuse, très heureuse, et je veux que tout le monde soit comme moi !

Mme DELPORTE.

Oh! vous êtes bonne, madame, et les malheureux n'ont pas besoin de choisir leur temps pour venir à vous... ils savent que vous êtes toujours prête à les obliger...

Mme LEBLANC.

Voyons, de quoi s'agit-il?

Mme DELPORTE.

Madame Leblanc, vous voyez une pauvre femme qui a déjà perdu son mari, sa fortune, à qui Dieu n'avait laissé que son enfant!... et voilà que son enfant veut l'abandonner!...

Mme LEBLANC.

Serait-il vrai, Antoinette?

Mme DELPORTE.

Depuis un mois, madame, elle a pris cette funeste résolution; c'est une riche famille anglaise qui a traversé le pays pour se rendre à Naples, et qui lui a ainsi tourné la tête; ils lui ont offert de les suivre là-bas, en qualité de femme de chambre; ils lui ont dit qu'elle serait bien heureuse, qu'elle aurait de bons gages!... et depuis ce moment-là, la malheureuse enfant ne rêve que fortune et ne songe plus qu'à me quitter!

Mme LEBLANC.

Comment! Antoinette, vous qui aimez tant votre mère!... vous voulez vous séparer d'elle?...

(Antoinette baisse les yeux, sans répondre.)

Mme DELPORTE.

Regardez, madame, voilà comme elle est, depuis huit jours, avec moi!... toujours froide, muette, impassible... sourde à toutes mes questions, à toutes mes prières... et quand je pleure, c'est à peine si elle laisse tomber une larme! Et quand je l'interroge, je ne puis rien obtenir... je n'ai le droit de rien savoir, de rien demander... (Avec résignation et pleurant.) C'est tout simple!... elle se dit: C'est ma mère!... si elle m'aime, si elle ne vit, si elle ne respire que pour moi, c'est qu'il ne lui reste sur terre aucun autre objet d'affection; elle ne fait que ce que feraient toutes les mères! (Antoinette tire son mouchoir et pleure.) Mais vous, madame, qui avez toujours été si bonne pour elle, vous qui l'avez comblée de soins et d'amitiés, vous à qui elle doit bien un peu de confiance, en échange de tous vos bienfaits... elle vous dira peut-être ce qu'elle me cache, à moi!... Voilà pourquoi je vous l'ai amenée... (Regardant sa fille.) Si elle ne veut pas parler devant moi, si elle ne veut pas que je connaisse ses secrets... eh bien! je m'en irai... (Elle essuie ses larmes.) Oh! je ne serai pas jalouse, madame, car j'aime mieux renoncer à la confiance de mon enfant que de la savoir malheureuse!...

ANTOINETTE, courant à elle.

Oh! ma mère! ma mère! ne parlez pas ainsi!... Je vous aime! allez... je vous aime... comme je vous ai toujours aimée!... Le ciel m'est témoin que je voudrais rester... auprès de vous... toujours... mais...*

Mme LEBLANC.

Mais... (S'approchant d'Antoinette et lui prenant la main.) Eh bien! voyons, mon enfant, parlez... pourquoi voulez-vous partir?... A votre âge, on n'a ni ambition... ni orgueil! quel autre sentiment peut donc vous faire agir?... L'amour peut-être?... (Mouvement d'Antoinette. Mme Leblanc regardant sa main qui tremble, à Mme Delporte.) J'ai deviné. (A Antoinette qui baisse les yeux.) Et celui que vous aimez est donc là-bas?... en Italie... à Naples?

ANTOINETTE.

Non... non... madame.

Mme LEBLANC.

Il est de ce pays? (Signe affirmatif d'Antoinette.) et il l'habite encore? (Nouveau signe.) Alors, pourquoi partir?...

Mme DELPORTE, avec anxiété.

Mais parle donc, malheureuse enfant, mais parle donc!...

Mme LEBLANC, à la vieille mère, avec bonté.

Permettez... (A Antoinette.) Est-ce qu'il est plus riche que vous?...

ANTOINETTE, à voix basse.

Non... mais il voudrait le devenir, et...

Mme LEBLANC.

Ah! je comprends! et c'est pour lui!... c'est par amour, que vous êtes ambitieuse!... c'est par amour que vous voulez tout quitter, pour aller faire fortune!... quitter votre pays, vos amis, votre mère!... votre mère!... malheureuse enfant! Ah! c'est quitter qui vous aime bien!... et pour... pour un ingrat peut-être!...

ANTOINETTE, vivement et avec un mouvement très marqué.

Oh! non, madame.

Mme LEBLANC.

Pour un homme qui vous oubliera; car si vous partez, qui vous dit que pendant votre absence il n'en épousera pas une autre?...

ANTOINETTE, avec feu.

Une autre!... lui, oh! c'est impossible!... car il ne m'a pas seulement dit qu'il m'aimait!... il m'a fait une promesse écrite, sacrée... et il sait bien que s'il y manquait, j'en mourrais!...

Mme LEBLANC.

Et cette promesse... où est-elle?

ANTOINETTE.

Là... elle ne me quitte jamais!

Mme LEBLANC, avec douceur.

Et... voulez-vous me la montrer... à moi!...

ANTOINETTE, avec embarras.

A vous, madame... c'est que... c'est qu'Hubert m'a tant recommandé le secret!...

Mme LEBLANC, avec véhémence.

Hubert!... c'est Hubert que vous aimez?...

* Mme Delporte, Antoinette, Mme Leblanc.

ACTE I, SCÈNE VIII.

Mme DELPORTE, avec le plus grand étonnement.

Le Catalan !... oh ! j'aurais dû le soupçonner !... j'aurais dû me douter que de lui me viendraient tous mes malheurs.

ANTOINETTE, vivement.

Ma mère !... madame Leblanc, oh ! ne lui en dites rien !... Il est si emporté, si violent !...

Mme LEBLANC, se contenant à peine.

Mais montrez-moi donc cette promesse, mademoiselle !

ANTOINETTE, la sortant de son sein.

C'est que... s'il apprenait que je lui ai désobéi !...

Mme LEBLANC, avec colère.

Mais cette promesse !... cette promesse !... (Elle la prend et l'ouvre.) Oui, oui... Hubert... c'est bien cela !... Hubert ! (A part.) Je me rappelle à présent... il était toujours là, les jours où elle venait à la poste... et parlait devant elle de sa femme et comme il la voudrait, si jamais il se mariait... bonne... simple... dévouée !... Et moi qui croyais ! (Elle essuie une larme.)

Mme DELPORTE, se levant du banc où elle est allée s'asseoir avec sa fille.

Voyez-vous, madame, c'était un piége !... un piége pour tromper mon enfant, pour la séduire ! car je l'ai pénétré, cet homme est...

Mme LEBLANC, avec émotion.

Arrêtez ! madame Delporte... (Avec douceur.) c'est un mauvais moyen que de dire aux gens du mal de ceux qu'ils aiment, dans l'espoir de les en détacher... on les irrite... on les blesse... leur cœur souffre et se déchire... mais ils les aiment toujours... quelquefois davantage !... par la crainte qu'ils ont d'être forcés de les quitter.

ANTOINETTE, se levant du banc.

Oh ! oui, oui... c'est bien vrai, madame, et c'est justement ce que j'éprouve... car en ce moment j'ai beau écouter ce que ma mère me dit, j'ai beau vouloir me le persuader à moi-même... mon amour est plus fort que tout, plus fort que ma raison !... car mon amour, c'est ma vie !...

(Elle tombe dans les bras de sa mère.)

Mme LEBLANC, à part.

Pauvre enfant ! comme elle l'aime !... et lui... Je comprends !... en m'épousant, il sacrifiait son amour à son ambition !... Ce mariage n'était pour lui qu'un moyen de fortune !... Oh ! Hubert ! Hubert !... c'est affreux !... (Elle pleure.) Grand Dieu ! j'entends sa voix... (Allant à Antoinette.) Mademoiselle, laissez-moi ce papier... et allez toutes deux m'attendre chez moi... Je verrai Hubert, je lui parlerai...

Mme DELPORTE.

Et vous empêcherez qu'elle ne parte, n'est-ce pas, madame ?...

Mme LEBLANC.

Je vous répondrai bientôt... allez... allez !...

(Elle les fait rentrer toutes deux dans l'hôtel de la poste.)

SCÈNE VIII.

Mme LEBLANC, puis HUBERT.

Mme LEBLANC, à part.

C'est lui !... (Essuyant une larme.) Allons, soyons maîtresse de nous... soyons calme surtout.

HUBERT, accourant, le contrat à la main, et très joyeux.

Me voilà, chère Thérèse !... ah ! j'n'en peux plus, tant j'ai couru !... Nous avons relu le contrat avec M. Grandjean, le notaire ; il est complet et rédigé en bonne forme... il n'y manque plus rien que les signatures.

Mme LEBLANC, froidement et avec une ironie très marquée.

Et vous êtes prêt à y mettre le vôtre, Hubert ?

HUBERT.

Moi !... mais c'est mon désir le plus ardent...

Mme LEBLANC, même jeu.

Vous le ferez sans regrets ?

HUBERT.

Pouvez-vous en douter ?

Mme LEBLANC.

Et aussi sans remords ?...

HUBERT, étonné.

Sans... sans remords ?... Que voulez-vous dire... et pourquoi donc me parlez-vous ainsi ?

Mme LEBLANC, froide et presque impérieuse.

Remettez-moi cet acte.

HUBERT.

Le voilà. (Il le lui remet ; Mme Leblanc le déchire.) Que faites-vous ?... ce contrat !...

Mme LEBLANC, lui montrant l'acte d'Antoinette.

Est inutile à présent ; voilà celui que vous avez signé... celui que je signerai moi-même... mais comme témoin seulement.

HUBERT.

Que signifie ?... (Jetant les yeux sur le papier.) Ciel !...

Mme LEBLANC.

Vous le reconnaissez, n'est-ce pas ?

HUBERT, dans le plus grand embarras.

Oui... je... sans doute... mais je vous jure, Thérèse, que je ne l'aime pas !... que je ne l'ai jamais aimée !...

Mme LEBLANC, avec dédain.

Ah ! vous mentez !...

HUBERT, avec beaucoup de chaleur.

Eh bien ! oui... et quand tu devrais me haïr, tu sauras tout !... Oui ! cette promesse, c'est moi qui l'ai faite, et quand je l'ai signée, j'étais de bonne foi !... Je voulais la tenir. Mais si je m'étais trompé alors... si ce que je prenais pour de l'amour, n'était qu'un sentiment passager, une erreur que mon cœur a bien vite reconnue et désavouée, quand il s'est donné tout entier à une autre ?... (Avec force.) Thérèse, est-ce qu'alors je devrais...

Mme LEBLANC, vivement et avec force.

Vous devez... tenir votre parole !... vous devez ne pas abuser une pauvre enfant qui a mis en vous toute sa confiance, tout son espoir, qui croit à votre probité, parce qu'elle vous estime, et qui mourrait de votre abandon, parce qu'elle vous aime !...

HUBERT, à part, avec rage.

Oh ! Antoinette ! Antoinette !

Mme LEBLANC.

Allons, mon ami... descendez en vous-même, interrogez votre conscience... pensez à cette jeune fille qui a reçu votre serment... (Avec embarras.) Et s'il est vrai que votre amour ne soit pas tout entier pour elle... s'il est vrai qu'une autre... vous soit devenue plus chère... (Mouvement d'Hubert; Mme Leblanc se détourne et avec la plus grande émotion.) eh bien ! alors, mon ami, dites-vous que la promesse que vous avez faite est sacrée !... que vous êtes honnête homme... que votre honneur est engagé !... et, si vous avez besoin de force et de courage pour faire dignement votre devoir... (Avec explosion.) regarde-moi, Hubert !... moi-même je te donnerai l'exemple... (Elle pleure.) Quand je devrais te fuir et te cacher mes larmes... Adieu !... adieu !... (Elle veut fuir.)

HUBERT veut la retenir.

Thérèse !...

Mme LEBLANC, avec une dignité glaciale.

Hubert, vous me connaissez ; si vous avez fait un serment, j'en ai fait un aussi... je ne suis plus pour vous que madame Leblanc !...

(Elle sort vivement après lui avoir jeté un dernier coup d'œil de regret ; Hubert reste accablé.)

○○

SCÈNE IX.

HUBERT, seul.

Un serment !... un serment !... Ah ! je ne le sais que trop, elle le tiendra !... perdue à présent... perdue pour moi !... (Avec fureur.) Oh ! Antoinette ! malédiction sur toi ! qui es venue tout renverser, tout détruire, en te jetant à la traverse de mon bonheur !... et dans quel moment !... quand j'y touchais déjà ! quand je venais de lire ce contrat !... quand cette fortune allait m'appartenir tout entière !... Cette fortune... dont le chiffre s'était gravé là... en caractères de feu !... cent mille francs de prés et de bois !... cent mille francs de fermes et autant pour la poste !... Je les avais, je les tenais !... et de tout cela, rien !... plus rien... que le souvenir et des regrets éternels !... (Se levant.) Non ! non !... cela ne sera pas ! Il faut qu'Antoinette me délie de cette promesse ; il faut qu'elle renonce à ce mariage, ou bien... il le faut... je le veux !

(Il tombe agité sur un banc, à gauche. Pendant la fin de ce monologue, Mme Leblanc a reparu, conduisant Antoinette ; elle lui montre Hubert, encourage la jeune fille et rentre à la poste.)

○○

SCÈNE X.

ANTOINETTE, HUBERT.

HUBERT, à part et assis près du petit bureau.

Trois cent mille francs !...

ANTOINETTE, timidement.

Hubert !.

HUBERT, se levant vivement et allant à elle.

Ah ! c'est vous !... J'en apprends de belles !... C'est donc vous qui voulez me perdre... me ruiner !...

ANTOINETTE.

Moi !...

HUBERT.

Vous !... qui menacez de faire exécuter de force une promesse...

ANTOINETTE.

Grand Dieu !... que dites-vous ? Oh ! la colère vous égare, Hubert !... ce n'est pas votre cœur qui parle, ce n'est pas lui qui m'accuse !...

HUBERT, avec fureur.

Mais nierez-vous que vous vouliez ?...

ANTOINETTE, avec douceur.

Je voulais, Hubert, quitter le pays... m'éloigner de vous... de ma mère, de tout ce qui m'est cher au monde ; enfin, je voulais partir, voilà tout.

HUBERT, étonné.

Partir !...

ANTOINETTE.

Oui, j'allais chercher loin, bien loin d'ici... en Italie, à Naples, la dot que j'aurais voulu vous apporter, cette fortune que vous rêviez, et qu'une famille anglaise m'avait promise. (Silence.)

HUBERT, avec curiosité et se rapprochant d'elle.

Une fortune, dis-tu ?

ANTOINETTE, soupirant.

Oui ; et alors nous serions bien heureux, puisque nous serions riches !...

HUBERT, plus doux.

Et, dis-moi, Antoinette... cette fortune, sais-tu à combien elle pourrait se monter ?

ANTOINETTE, naïvement.

Mais, cinq mille francs, au moins.

HUBERT, anéanti.

Ah !... cinq mille francs !...

ANTOINETTE, avec feu.

Oui, cinq mille francs !... que je pourrais amasser... en trois ans... Avec ça, nous achèterions ici

ACTE I SCENE XI.

un petit bien ; nous le cultiverions nous-mêmes et nous resterions toujours près de ma mère !... Eh bien ! qu'en dis-tu ?...

HUBERT.

Oui... oui. (A part.) Cinq mille francs !... c'est gentil !... honnête fille, va ! tout juste autant qu'il en faut pour ne pas mourir de faim en travaillant sans relâche... (Il remonte avec rage.) Cinq mille francs, quand j'en rêvais trois cent mille !...

ANTOINETTE.

Tiens, tout à l'heure tu m'accusais, Hubert ? Eh bien ! vois si je l'aime... (Avec exaltation.) Malgré leurs conseils, malgré leurs prières, malgré les larmes de ma mère, ce projet, si tu l'approuves, je suis prête encore à l'exécuter... Hubert, dis un mot et je pars !...

HUBERT, relevant la tête.

Hein ?... tu partirais !...

ANTOINETTE.

Oh ! tu ne connais pas mon courage, ma résolution !... On dit que nous sommes faibles, nous autres femmes ; ne le crois plus. Promets-moi seulement de m'attendre, et je pars aujourd'hui même.

HUBERT.

Aujourd'hui !...

ANTOINETTE, très vite.

Oui ; tous mes préparatifs sont faits : mes vêtemens sont déjà portés chez l'aubergiste de la grande route ; c'est là que je devais attendre la diligence de Montpellier, qui passe dans une demi-heure...

HUBERT.

Bien !... bien !... mais ta mère !... ta mère !

ANTOINETTE.

Oh !... il faudrait m'éloigner d'elle sans la voir, sans lui dire adieu, car elle chercherait encore à me retenir, et ses larmes me font tant de mal !... Ce courage, cet affreux courage, je l'aurai, Hubert, si tu jures de m'attendre !...

HUBERT.

Je te le jure !

ANTOINETTE.

Mais, sur cette croix !...

HUBERT, avec hésitation.

Sur cette croix !...

ANTOINETTE.

Oui ; c'est celle que tu m'as donnée : sur cette croix sont gravés nos deux noms, et les sermens qu'elle aura consacrés, tu ne voudras pas les briser !... Hubert, veux-tu me jurer sur cette croix de m'aimer toujours et de ne pas te marier jusqu'à mon retour ?

HUBERT, étendant la main sans hésiter.

Jusqu'à ton retour, Antoinette... je le jure !... Es-tu contente ?

ANTOINETTE.

Oh ! je te crois !...

HUBERT.

A présent, viens-nous-en, car l'heure s'avance, et je veux te conduire jusqu'à la grande route où passe la voiture...

ANTOINETTE, le retenant.

Et ma mère ! ma mère qui est là !... Si je ne la vois pas, je voudrais du moins lui écrire...

HUBERT, fronçant le sourcil.

Une lettre !... (Après un moment de réflexion.) Tu as raison !... écris-lui... là... tiens, dans le bureau... tu trouveras tout ce qu'il te faut... mais hâte-toi...

(Antoinette entre dans le bureau, et Hubert, pendant ce temps, va au fond voir si personne ne vient. Le jour baisse.)

ANTOINETTE écrit en pleurant.

« Bonne mère, je sais combien je vais déchirer
» ton cœur, et c'est pour cela que je pars sans
» t'embrasser... Je n'ai pas voulu te voir, car alors,
» je le sens, je ne serais pas partie, et il faut que
» je parte !...'c'est écrit là-haut !... Non, va, je ne
» suis pas une ingrate !... les larmes que je ré-
» pands en ce moment, ma tendresse, ma vie
» tout entière que je te consacrerai, te le prouve-
» ront bien, à mon retour... mais prie Dieu pour
» que ce soit bientôt... car loin de toi, loin d'Hu-
» bert, ton Antoinette sera bien malheureuse !... »

(Elle s'arrête et pleure.)

HUBERT, revenant.

Eh bien ! est-ce fini ?

ANTOINETTE, sortant du bureau.

Tiens. Mon Dieu ! mon Dieu ! pardonnez-moi, je suis bien coupable !...

HUBERT.

Te repentirais-tu, Antoinette ?

ANTOINETTE, avec exaltation.

Non, car je t'aime !... Viens, viens, partons !...

(Elle lui prend le bras, l'entraîne, et ils sortent, par la droite.)

ooooooooooooooooooooooooooooooooooooooooooo

SCÈNE XI.

LALOUETTE, puis Mme LEBLANC.

LALOUETTE, les regardant s'éloigner.

Tiens, tiens, tiens, voyez-vous le scélérat !... il en conte à la bourgeoise, et le v'là qui va se promener avec la petite... Oh ! v'là Mme Leblanc !... Je ne suis pas bavard, mais il faut que je me donne le plaisir de le démolir un peu...

Mme LEBLANC.

Est-ce que ce n'est pas Hubert qui s'en va là-bas ?

LALOUETTE.

Oui, la bourgeoise... c'est Hubert... c'est Hubert, avec la petite Antoinette !

Mme LEBLANC, à part, avec joie.

Je ne m'étais pas trompée !

LALOUETTE.

La petite Delporte !... à qui qu'il faisait la cour dans les temps.

Mme LEBLANC, préoccupée.

Oui, je sais, je sais...

LALOUETTE, gravement.

Et à qui qu'il la refait aujourd'hui... bourgeoise.

Mme LEBLANC, préoccupée.

Tu crois ?...

LALOUETTE, à part.

V'là qu' ça prend. (Haut.) Ils sont restés à causer là, pas mal de temps... et à présent, ils s'en vont très d'accord et très amoureux... bourgeoise.

Mme LEBLANC.

En es-tu bien sûr ?

LALOUETTE, vivement.

Parfaitement bien sûr... bourgeoise. (A part.) Ça prend tout à fait.

Mme LEBLANC.

Eh bien ! ce que tu me dis là me fait grand plaisir.

LALOUETTE, très étonné.

Hein !

Mme LEBLANC.

Je suis contente... très contente de lui, (A part.) et de moi !...

LALOUETTE, à part.

Ah ! ça, mais... ça ne prend plus du tout. (Haut.) Comme ça, bourgeoise, vous êtes donc satisfaite ?...

Mme LEBLANC.

Très satisfaite, mon garçon.

LALOUETTE, se grattant l'oreille.

Eh ben ! vous n'êtes pas difficile. (Haut.) J'ai joliment réussi.

Mme LEBLANC, à part.

Pauvre mère Delporte ! comme elle va être contente ! (Elle remonte la scène.) Oui, ce que je fais là est bien, et leur bonheur me consolera ! (Elle rentre un moment dans la grange.)

LALOUETTE.

Mais il les a donc toutes ensorcelées ! Comment ! il va se promener... (S'interrompant.) Oh ! quelle idée !... si nous souhaitions la fête, pendant qu'il n'est pas là !... Les autres m'attendent, tout est prêt... les bouquets... la surprise... courons... Ah ! mon gaillard, tu vas te promener le jour de sainte Thérèse !... ah ! tu vas te promener, mon gaillard !

(Il sort en courant.)

ooooooooooooooooooooooooooooooooooooooooooooooo

SCÈNE XII.

Mme LEBLANC, Mme DELPORTE.

Mme LEBLANC, très gaîment.

Arrivez donc, mère Delporte... arrivez donc... Bonne nouvelle !...

Mme DELPORTE.

Comment ?

Mme LEBLANC.

Tout est arrangé... nos amans sont réconciliés ; je les ai vus sortir bras dessus, bras dessous ; nous allons tous être heureux !

Mme DELPORTE.

Que le ciel vous entende !

Mme LEBLANC.

D'abord, je me charge de leur avenir.

Mme DELPORTE.

Est-il possible ?

Mme LEBLANC.

Hubert est ambitieux : je veux qu'il soit content ; et, pour cadeau de noces... je lui donne ma poste à régir.

Mme DELPORTE.

Ah ! vous êtes notre providence ! (Mme Leblanc continue à causer avec Mme Delporte.)

ooooooooooooooooooooooooooooooooooooooooooooooo

SCÈNE XIII.

LES MÊMES, tous LES POSTILLONS et LE VILLAGE, avec des bouquets et amenés par JEANNETON.

Mme LEBLANC, se tournant.

Eh mon Dieu ! pourquoi donc tout ce monde ?

LALOUETTE, avec intention et d'une voix sonore.

Tout ce monde, bourgeoise, c'est un peu de ceux qui vous aiment... et il n'en manque pas dans le pays, sans compter Jérôme Désiré, dit Lalouette... C'est aujourd'hui sainte Thérèse, bourgeoise !

Mme LEBLANC, jouant la surprise.

Ma fête !...

LALOUETTE.

Et nous ne l'avons pas oubliée, nous, bourgeoise ; pas un honnête homme qui l'aie oubliée !... Il n'y a que *le sieur Hubert !*

Mme LEBLANC.

Vous vous trompez, car le voilà.

(Hubert entre sans rien dire ; il est très pâle.)

LALOUETTE, à part.

Oui, mais il n'a pas de bouquet... Tire-toi de là, flambard !

ooooooooooooooooooooooooooooooooooooooooooooooo

SCÈNE XIV.

LES MÊMES, HUBERT, sombre pendant le reste de l'acte.*

Mme LEBLANC.

Eh bien ! Hubert, tu ne m'apportes pas un bouquet pour ma fête ?

HUBERT.

Un bouquet !... votre fête !... Ah ! c'est juste... Excusez-moi, madame Leblanc, mais je l'avais oubliée...

Mme LEBLANC.

Oubliée !...

* Mme Delporte, Mme Leblanc, Hubert, Lalouette, postillons.

ACTE II, SCÈNE I.

LALOUETTE, avec une profonde indignation.
Il l'avait oubliée!... Ah! fi! fi!...
(Il fait un signe aux postillons et les emmène sans bruit.)

HUBERT.
J'étais tellement préoccupé... une bien mauvaise nouvelle... dont je me suis chargé... pauvre mère Delporte!... ah!...

Mme DELPORTE.
Qu'est-ce donc?...

HUBERT.
Mais j'ai eu beau vouloir l'en empêcher... elle l'avait mis dans sa tête!...

Mme DELPORTE.
Mais de grâce, monsieur, qu'y a-t-il? parlez, parlez donc!...

HUBERT.
C'est votre fille... Antoinette!...

Mme DELPORTE, vivement.
Ma fille!... où est-elle?

HUBERT.
Vous savez... ces idées d'ambition, de fortune... cette dot qu'elle tenait à amasser?... J'ai eu beau la prier... la retenir!... elle n'a rien voulu entendre... La diligence de Montpellier a passé.. et... et elle est partie!...

Mme DELPORTE.
Partie!...

HUBERT.
Voilà une lettre qu'elle m'a remise pour vous... Elle a promis, dans quelques jours, d'en envoyer une autre... d'écrire souvent... c'est tout ce que j'ai pu obtenir...

Mme DELPORTE, douloureusement.
Partie! partie! ma fille!... ah! c'est mal! c'est bien mal!
(Elle tombe sur le banc; Mme Leblanc la console.)

HUBERT, à part.
Oui, partie! et elle ne reviendra pas!
(En ce moment les postillons, emmenés par Lalouette, rentrent par la gauche et tirent des coups de fusil en criant : *Vive madame Leblanc!* Tous les villageois leur imposent silence, en leur montrant Mme Delporte évanouie sur le banc.)

ACTE DEUXIÈME.

Intérieur d'une cour de la ferme de la Grange-Rouge, nouvellement restaurée. — A droite, au premier plan, la grange. A gauche, vieille citerne murée, près d'un escalier qui communique avec l'extérieur. Au fond, porte charretière donnant sur la grande route.

SCÈNE I.

(Au lever du rideau, Jeanneton et deux servantes descendent l'escalier du fond, chargées de pains, de bouteilles, de vaisselle, qu'elles portent dans la Grange-Rouge, au premier plan à gauche; Jeanneton en ressort aussitôt et vient s'asseoir près de Lalouette, qui est déjà assis sur le bord de la citerne murée.)

JEANNETON, LALOUETTE, à la Titus et en blouse bleue.

JEANNETON.
Ah! ça, voyons, qué que t'as?

LALOUETTE, très bourru.
Ça ne te regarde pas.

JEANNETON, très aimable.
Veux-tu que j' descende à la cave?

LALOUETTE.
Je n'ai pas soif.

JEANNETON.
Que j' te taille la soupe?

LALOUETTE.
Je n'ai pas faim.

JEANNETON.
Est-ce que t'es malade?

LALOUETTE.
C'est possible.

JEANNETON, le câlinant.
Voyons, mon petit Lalouette, pourquoi qu' t'es sombre comme ça, toi qui aimes tant à rire!... à folâtrer, toi qui d'ordinaire es plus gai que pinson... c' qui fait qu'on t'a surnommé Lalouette!...

LALOUETTE.
Je ne suis pas en train d'être léger!

JEANNETON, exaspérée et le battant.
Ah! ça, dis donc, gros pataud, est-ce que tu vas me répondre long-temps comme ça... hein!

LALOUETTE.
Allez-vous bentôt me laisser, fille de basse-cour?

JEANNETON.
Non, j' veux pas, moi!... Ah! mais... qu'est-ce qui m'a donné un loup-garou comme ça! je suis là à m' confondre en émabilités de toute espèce! à m' tuer le corps, pour savoir c' qui peut avoir dans l'ame, et monsieur n' daigne pas me répondre... (Le secouant.) Est-ce que tu crois qu' tu vas rester là, les bras croisés... et que je ferai toute l'ouvrage, pendant que not' maître et not' maîtresse sont chez le notaire?

LALOUETTE, enrageant.

Not' maitre !'not',maitre !

JEANNETON.

Dam !... c'est tout comme! puisque demain M. Hubert sera le mari de not' maîtresse... cette fois n'y a plus à s'en dédire, les bans sont publiés.

LALOUETTE, se levant et traversant le théâtre.

Oh! c'est fini, je donne ma démission... oui, ma démission !... ma dégradation, mon humiliation, plutôt que de jamais appeler cet homme là : *not' bourgeois !* Un sournois !... un brutal !... un faiseur d'embarras, qui sous prétexte qu'il ne monte plus à cheval, veut toujours nous mettre à pied... (Rudement.) Pourquoi qu' vous avez fait ci ?... pourquoi qu' vous avez fait ça ?... contravention !... parlez... — (Avec douceur.) Mais, monsieur Hubert... — (Rudement.) Silence !... Y vous dit d' parler, et puis, sitôt qu'on ouvre la bouche : Taisez-vous !... Tandis que lui , ce beau monsieur ! il taille, il coupe, il rogne, il vend, il achète, (Montrant les bâtimens.) il fait bâtir... c'est toujours superbe !... S'il est en contravention, y s'en moque pas mal !... il est assuré !... y connait des députés, des pairs de France ; il verse, il écrase tout le monde... qué que ça lui fait ?... ça n' le regarde pas !... il a l'assurance !...

JEANNETON.

Tu dis tout ça par envie...

LALOUETTE.

Eh ben! oui ; pourquoi qu'y m'a usurpé ma place et ma femme ?

JEANNETON.

Ta femme !... ah ! ah ! comme si la bourgeoise t'avait jamais remarqué !...

LALOUETTE.

C'te malice !... parce qu'il m'a supprimé mes avantages personnels.. (Montrant sa tête.) ma queue, et mes grosses bottes, par jalousie... Le scélérat !... il m'a travesti d'une blouse bleue... de quoi que j'ai l'air à présent ?... d'un grand serin !

JEANNETON.

Qué que ça te fait, si je te trouve assez beau pour être mon mari ?

LALOUETTE.

Votre mari !... à vous !... (Avec dédain.) Allez donc serrer vos dindons.

JEANNETON.

Pourquoi donc que tu ne m'épouserais pas?...

LALOUETTE.

Ça coûte trop cher !

JEANNETON, le câlinant.

Mon petit Lalouette, j'ai demandé à M. l'adjoint, ce n'est qu' trente francs !...

LALOUETTE.

Alors, ce serait trente francs de jetés dans l'encre !...

JEANNETON, en colère.

Malhonnête !... Ah ! tu ne veux pas m'épouser !...

Eh bien ! tu m'épouseras , tu m'épouseras , malgré toi ! (Elle le pince, en le poursuivant.)

LALOUETTE.

Voulez-vous bien me lâcher ? institutrice des poulets et des canards à la mamelle !... lâchez-moi, lâchez-moi !... ou je lâche les poings... (Plus bas, en apercevant Delalonde.) Lâchez-moi donc !, v'là du monde !

○○○

SCÈNE II.

LES MÊMES, DELALONDE, venant du dehors.

JEANNETON.

Ah ! c'est M. le procureur du roi !... Vot' servante, monsieur Delalonde.

DELALONDE.

Bonjour, mes enfans, bonjour.

LALOUETTE.

Vous v'là donc dans le pays , monsieur Delalonde?

DELALONDE.

J'arrive à l'instant...

LALOUETTE.

Ah ! vous trouverez ben du changement.

DELALONDE, riant.

J'ai commencé par ne trouver personne. On m'a dit que tout le monde était ici , à une demi-lieue de la poste.

JEANNETON.

A la ferme de la Grange-Rouge.

DELALONDE.

Mais l'année dernière, quand je vins dans le pays , la Grange-Rouge n'était qu'une masure en ruines, isolée de toute habitation, au milieu des champs... et je trouve des murs relevés, une maison restaurée...

JEANNETON.

Par notre maîtresse, Mme Leblanc !... Elle a commencé par acheter les ruines et toutes les terres qui en dépendent, et puis elle a bâti la jolie ferme que voilà !

LALOUETTE.

Tout ça d'après le conseil du sieur Hubert Castagnari.

DELALONDE.

Son régisseur, je crois ?...

JEANNETON.

Oh ! mieux que ça, monsieur Delalonde, car en ce moment, ils sont chez le notaire pour signer leur contrat...

DELALONDE.

Leur contrat ?

JEANNETON.

Et demain ils se marient !

DELALONDE.

Mais, si j'ai bonne mémoire, c'est avec la petite

Delporte, la fille de l'aubergiste de Saint-Pithon, qu'il était question de mariage dans le temps.
JEANNETON.
C'est vrai; mais la pauvre Antoinette n'avait pas de dot... Alors, v'là qu'un beau jour, elle a suivi, à Naples, une famille anglaise qui devait faire sa fortune, pendant que M. Hubert devait l'attendre... mais v'là qu'au bout de trois mois environ on a appris qu'elle était morte!...
DELALONDE.
Morte!...
LALOUETTE.
Oui, j' sais pas trop d'quoi... morte, comme qui dirait poumonique... Qué guignon! et dire qu'il n'y a pas à en douter!... comme tout le village, j'ai lu les lettres qu'elle écrivait à sa pauvre mère... c'était à sangloter, monsieur Delalonde, à sangloter!... Et puis, enfin la dernière... des maîtres chez qui elle se trouvait... qu'un homme a apportée ici, avec ses extraits mortuaires... ses z'hardes... et une bonne petite somme qu'elle avait déjà amassée, car il paraîtrait que la place était pas mal épulente et qu'elle faisait sa pelotte, là-bas.
DELALONDE.
Alors, je comprends, M. Hubert s'est trouvé dégagé de sa parole.
LALOUETTE.
Et il a recommencé ses ensorcellemens avec la bourgeoise.
DELALONDE.
Et il a réussi.
LALOUETTE.
Sans cœur!... se marier après trois mois!... s'il avait attendu six mois, je ne dis pas... c'est reçu, ça, dans le monde... mais trois mois!
DELALONDE.
Tu me fais l'effet d'un rival désappointé, mon pauvre Lalouette!
LALOUETTE.
Moi, je ne le cache pas!... j'enrage!... Voyons, une fille qu'était partie pour lui, qui s'était exilée sur la terre étrangère, pour le mettre dans l'opulence. Je le demande à l'honorable société, est-ce qu'il n'aurait pas dû la pleurer... toute sa vie... comme sa pauvre mère?... qui en rêve toutes les nuits, qui la voit, qui lui parle, qui en est comme hébétée, quoi? mais lui, le sans cœur! demandez lui à qui qui rêve... y rêve à rien du tout, tandis qu'il aurait dû...
DELALONDE.
Te laisser épouser l'autre, n'est-ce pas?
LALOUETTE.
Dam! ça m' bottait.
JEANNETON, annonçant par l'escalier.
V'là madame, v'là madame qui vient de ce côté... avec M. Hubert. (A Delalonde.) On les aura prévenus que vous étiez ici!
LALOUETTE, à part.
Oh! une fameuse idée! V'là M. Delalonde dans le pays!... si y pouvait me faire entrer dans la gendarmerie du département... comme ça du moins, j'aurais encore mes grosses bottes! et je ne serais pas obligé d'appeler le sieur Hubert: *not' bourgeois*... C'est dit, je lui en glisserai un mot.

(Il sort avec Jeanneton.)

SCÈNE III.

DELALONDE, Mme LEBLANC, HUBERT.

DELALONDE, allant au devant de Mme Leblanc.
Bonjour, ma chère madame Leblanc.

(Il salue Hubert.)

Mme LEBLANC.
Quel miracle! monsieur Delalonde dans le pays... Je ne voulais pas le croire... Est-ce qu'on va ouvrir les assises?
DELALONDE.
Bientôt; mais ce n'est pas ça seulement qui m'amène... je viens aussi pour les élections.
Mme LEBLANC.
Ah! c'est juste.
DELALONDE.
Et vous, c'est donc décidé?... adieu le veuvage!... demain, m'a-t-on dit, vous vous remariez?
Mme LEBLANC.
Ah! ce n'est pas sans peine, allez!... ça traînait depuis long-temps!... des ennuis, des cancans, des histoires... ah!...
HUBERT, gaîment.
Mais j'espère bien que cette fois c'est pour tout de bon: nos bans sont publiés... nous venons, avec ma Thérèse, de signer au contrat... demain la noce! et, à moins que le diable ne s'en mêle, après-demain, je serai le premier maître de poste de tout le pays (Se reprenant.), et surtout le mari de ma Thérèse, ce qui vaut mieux!
DELALONDE.
Monsieur Castagnari, je vous fais mes complimens bien sincères... une bonne et jolie femme!... une belle fortune!... avec ça, l'on peut prétendre à tout... Je ne serais même pas étonné qu'aux prochaines élections ce fût vous que l'on portât comme maire de cette commune.
HUBERT, gaîment.
Si je le suis, monsieur Delalonde, foi d'Hubert Castagnari, vous serez notre député extra-muros.
DELALONDE.
Bravo! morbleu! bravo!
HUBERT.*
Nous chaufferons ça, ferme, allez! avec l'oncle de ma femme, un riche marchand de bestiaux!... il dispose de cent voix... et trente, dont je suis sûr...

---
* Delalonde, Hubert, mad. Leblanc.

DELALONDE.

C'est plus qu'il n'en faut.

HUBERT.

Par exemple, il faudra les voir... une petite visite, ça ne coûte rien... et ça flatte... une poignée de main, par-ci, une invitation qu'on accepte, par-là... avec ça, on attrape...

DELALONDE.

La majorité !... Vous serez content de moi... Je vais de ce pas rendre visite à mes commettans.

HUBERT.

Surtout, ne vous engagez pas pour aujourd'hui ; car, Thérèse et moi, nous voudrions pouvoir compter sur vous, pour le repas des fiançailles.

Mme LEBLANC.

Ah ! oui, vous seriez bien aimable... monsieur Delalonde.

DELALONDE.

Comment donc ! mes amis, mais ce n'est pas de refus...

HUBERT.

Vrai ! vous viendrez ?...

DELALONDE.

Certainement.   (Joie de Thérèse.)

HUBERT.

Ah ! c'est un honneur !... (Il lui tend la main.) Adieu, monsieur le député.

DELALONDE, la lui serrant.

Adieu, monsieur le maire. (Il sort par le fond.)

●●●

SCÈNE IV.

Mme LEBLANC, HUBERT.

Mme LEBLANC, quand il est parti, frappant dans ses mains.

Le procureur du roi à notre noce ! quel honneur ! vont-ils enrager dans le pays !... Mais crois-tu qu'il viendra ?

HUBERT.

S'il viendra !... il n'aurait garde d'y manquer... Tu as bien entendu ?... il m'a appelé son ami... il m'a serré la main !... c'est tout simple... il a besoin de moi... pour ses élections.

Mme LEBLANC.

C'est juste.

HUBERT.

Et une fois député, je compte bien qu'il m'épaulera à son tour, pour me faire nommer maire.

Mme LEBLANC, s'appuyant sur son épaule.

Sais-tu que tu n'es pas trop maladroit ?

HUBERT, préoccupé.

On le dit... A propos, tu tiens donc toujours à ce qu'on fasse la noce dans cette ferme ?

(Il remonte la scène.)

Mme LEBLANC.

Oui, monsieur, j'y tiens, et beaucoup, et j'entends qu'on fasse mes volontés. (En confidence.) Comme ça, vois-tu, nous aurons plus de monde ; si ça se peut, j' veux avoir tout le village... on dînera dans la grange... et après, on dansera !...

HUBERT, préoccupé.

Allons, comme tu voudras.

Mme LEBLANC.

Eh bien ! monsieur, à quoi pensez-vous ?

HUBERT.

Tu veux le savoir ?... eh bien ! je pense... que jamais tu ne m'as semblé si jolie !...

(Il veut l'embrasser.)

Mme LEBLANC, se défendant.

Cajoleur !... Allons, finissez, nos amis vont arriver... il faut que je prépare le repas...

HUBERT.

Eh ! tu as bien le temps ! (Il l'embrasse.)

Mme LEBLANC, entendant du bruit, elle jette un cri.

Ah ! quelqu'un... là ! tu n'en fais jamais d'autres !... (Elle défripe sa robe.) Tiens, c'est la mère Delporte...

HUBERT, sombre.

Encore !... (L'entraînant.) Viens-nous-en ; je ne veux pas la voir...

Mme LEBLANC.

Pourquoi ?

HUBERT.

Tu sais bien... comme elle vit depuis la mort de sa fille... toujours seule, fuyant le monde !... moi surtout, elle ne peut plus me voir...

Mme LEBLANC.

Tiens ! est-ce que tu n'as pas fait tout ce qui dépendait de toi ?... Est-ce que tu n'as pas agi en honnête homme ?... si elle était poitrinaire, ce n'est pas ta faute !

HUBERT, bas.

La voilà !... tais-toi !

●●●

SCÈNE V.

LES MÊMES, Mme DELPORTE.

(Mme Delporte arrive au milieu de la cour, sans les apercevoir, comme une femme triste et presque folle. *)

Mme LEBLANC, passant derrière elle.

Bonjour, mère Delporte.

(Mme Delporte lève les yeux, sourit à Mme Leblanc, et tressaille à la vue d'Hubert qui s'approche d'elle.)

HUBERT, allant à elle.

Eh bien ! madame Delporte, il y a long-temps qu'on ne vous a vue ; vous négligez vos amis... ce n'est pas bien !

(Il va pour lui prendre la main ; la mère Delporte la retire vivement ; Hubert ne paraît pas y faire attention.)

* Madame Leblanc, madame Delporte, Hubert.

ACTE II, SCÈNE V.

Mme DELPORTE, s'avançant vers lui, et comme obsédée d'une idée fixe.

Dites-moi, monsieur Castagnari, vous croyez donc toujours que ma fille est morte de la poitrine?...

(Thérèse et Hubert restent interdits; Hubert le premier fait signe à Thérèse que la vieille n'a pas sa tête à elle.)

HUBERT, un peu interdit.

Quelle diable de question me faites-vous là, la mère?

Mme DELPORTE, le regardant.

C'est que, moi, je crois qu'elle est morte assassinée!

Mme LEBLANC.

Ah! ah! quelle horreur!

HUBERT.

Assassinée!...

Mme DELPORTE.

Oui! (Elle le regarde fixement.)

HUBERT, sans se troubler, et très naturellement.

Et qu'est-ce qui vous fait penser ça?

Mme DELPORTE.

Un rêve!

HUBERT.

Un rêve!

Mme DELPORTE.

Oui, un rêve que j'ai fait, que chaque nuit ramène, qui sans cesse me poursuit.

HUBERT, regardant Thérèse, en souriant.

Et c'est pour un rêve que vous vous tournez le sang comme ça!... pauvre mère Delporte!... (Haussant les épaules.) Les rêves, voyez-vous, c'est des enfantillages.

Mme DELPORTE, vivement.

Ne dites pas ça, Castagnari... (D'un ton grave.) c'est Dieu qui les envoie!

HUBERT, très mielleux.

Ah! ça, voyons, mère Delporte, parlons raison... Est-ce que vous n'avez pas eu toutes les preuves possibles que votre fille était morte de la poitrine... à Naples... il y a trois mois?... D'abord les lettres qu'elle vous a écrites successivement, et qui vous annonçaient les progrès de sa maladie... vous ne savez pas lire, c'est vrai; mais tout le monde, dans le village, les a lues... moi-même, Mme Leblanc, le magister... M. le curé... Vous les avez, ces lettres?...

Mme DELPORTE.

Les voici! toujours-là!

HUBERT.

Eh bien! voulez-vous me les confier?... Je vais vous les relire encore, ça vous calmera...

Mme LEBLANC.

Comme il est bon!

HUBERT, déployant les lettres que Mme Delporte lui a données.

Voyons celle-ci... du mois de novembre. Ah! c'est la première... (Il la parcourt.) celle... où elle vous annonce qu'elle est arrivée en bonne santé, qu'elle est très contente... c'est inutile de la lire... (Il ferme la lettre et en déploie une autre. Lisant :) « Naples, 2 décembre. » (Parlé.) La seconde... il y avait déjà un mois qu'elle était partie... vous vous rappelez bien? (La vieille fait un signe affirmatif.) « Ma bonne mère, je suis toujours bien heureuse...
» mes maitres sont bien bons pour moi... ils me
» comblent d'amitiés et de cadeaux, ce qui me
» permet de faire de bonnes petites économies...
» Dis à Hubert qu'il prenne patience etc., etc... »
(Appuyant.) Et plus bas : « Les médecins me re-
» commandent de garder la chambre... je ne sais
» pourquoi... car je ne sens rien... ne t'inquiète
» donc pas. » Voilà bien les premiers symptômes!... c'est clair!...

Mme DELPORTE, pleurant.

C'est vrai... c'est vrai!...

HUBERT la ferme et en déploie une autre.

La troisième enfin (lisant :) « Naples, le 15 jan-
» vier. » (Parlé.) Environ six semaines après. (Lisant :) « Ma bonne mère, si je n'étais pas éloignée
» de toi et de tous mes amis, je me trouverais
» toujours bien heureuse... mes maitres sont meil-
» leurs pour moi que je ne puis dire ; ils ne me
» traitent pas du tout comme une femme de
» chambre; ils veulent que je dine à leur table et
» je vais partout avec eux... Ils m'ont donné une
» jolie montre d'or, (Parlé.) qui vous a été fidè-
lement remise avec ses hardes. (La vieille pleure.)
— Lisant :) « En économisant bien, je crois que je
» ne serai que deux ans absente, ce qui me parait
» encore bien long. »

Mme LEBLANC.

Pauvre Antoinette!

HUBERT, lisant.

« Dis à Hubert, etc., etc. » (Parlé.) Puis, au bas : « J'oubliais de te dire que depuis deux jours
» les médecins m'ont consignée tout à fait dans ma
» chambre; mais cette indisposition sera légère,
» car, ils ont beau dire, je ne sens rien... ainsi ne
» t'effraie pas... » Et puis, quinze jours après, la lettre fatale écrite par ses maitres et que vous remit un voyageur...

Mme DELPORTE, pleurant.

C'est vrai! c'est vrai!

HUBERT.

Avec l'extrait mortuaire signé du médecin, et la petite somme d'argent qu'elle avait déjà amassée, huit cents francs; on vous les a remis exactement, n'est-ce pas?

Mme DELPORTE, sanglottant.

Oui... oui... je les ai reçus...

HUBERT, froidement.

Il y a des malheurs dont il est permis de douter... l'éloignement des lieux... le manque de renseignemens... l'absence de toute correspondance; et plût à Dieu que la perte de cette chère

Antoinette fût de ce nombre! mais ici tout est malheureusement trop vrai, trop bien constaté... et ces papiers, parfaitement en règle, ne permettent pas le plus léger doute... c'est un grand malheur!.. un événement affreux!... (Lui rendant les lettres.) Adieu, mère Delporte.

Mme DELPORTE.

Adieu, monsieur. (S'essuyant les yeux.) Je vous remercie de m'avoir relu ces lettres, ce sont elles qui me font croire que mon enfant!...

(Les pleurs étouffent sa voix, et Thérèse la console.)

HUBERT, à part.

Et je ne crains pas que du cercueil où je l'ai couchée elle vienne les démentir.

(Il montre la citerne.) *

Mme LEBLANC.

Pauvre mère Delporte!... il faut se faire une raison!... (Hubert lui fait signe de venir.) Mère Delporte, il ne faut pas nous en vouloir si nous vous laissons, n'est-ce pas!.. nous attendons du monde... des amis... un repas de fiançailles!...

Mme DELPORTE, relevant la tête.

Des fiançailles?...

Mme LEBLANC.

Oui, je ne vous ai pas invitée à ma noce, parce que je craignais...

(Hubert la tire par sa robe et lui fait signe de ne pas parler.)

Mme DELPORTE.

Votre noce!... vous allez donc vous marier?

Mme LEBLANC.

Demain.

Mme DELPORTE, tremblante.

Et... avec qui?

Mme LEBLANC.

Avec Hubert.

Mme DELPORTE, à part.

Hubert!

HUBERT, bas.

Viens donc, viens donc!...

Mme LEBLANC, entraînée par Hubert.

Adieu, mère Delporte; vous nous excuserez, n'est-ce pas?

(Ils rentrent dans l'intérieur, par l'escalier.)

SCÈNE VI.

Mme DELPORTE, seule.

Se marier!... se marier!... Hubert va se marier avec Mme Leblanc!... et il y a trois mois à peine il ne pouvait l'épouser, parce que mon enfant était là!... (Exaltée.) Oh! non, les rêves ne mentent pas!... Qui ose le dire?... Hubert Castagnari!... parce que les rêves le dénoncent, l'assassin!...

* Madame Delporte, madame Leblanc, Hubert.

Oui, je vois tout à présent, comme si Dieu m'éclairait d'une révélation surnaturelle!... (Réfléchissant.) D'abord son abandon, son ambition déçue... son retour forcé vers Antoinette... son départ avec elle... lorsqu'il l'a accompagnée le long du cimetière... (Pleurant.) départ à la suite duquel je n'ai plus revu ma pauvre enfant!... et au bout de trois mois, sa mort lointaine... imprévue... Oh! c'est lui!... c'est lui!... (Doutant de nouveau.) Mais ces lettres, mon Dieu!... ces lettres, elles seraient donc fausses!... il aurait donc trompé tout le monde, cet homme?... le cœur d'une mère, l'œil vigilant de la justice!... Oh! il y a là comme une ombre de l'enfer!...

SCÈNE VII.

JEANNETON, DELALONDE, Mme DELPORTE.

(En ce moment, on voit M. Delalonde qui traverse au fond; Jeanneton, qui sort de la grange, l'aperçoit et lui dit:)

JEANNETON.

Est-ce que vous allez à la poste, monsieur Delalonde?

DELALONDE.

Oui; pourquoi?

JEANNETON.

Passez donc par ici, (Elle indique l'escalier intérieur.) c'est beaucoup plus court.

(Pendant qu'elle lui explique par où il doit passer, la mère Delporte qui l'a entendu nommer, dit:)

Mme DELPORTE.

M. Delalonde dans le pays!... le procureur du roi!... oh! je le connais; c'est un brave homme... il aimait mon Antoinette... oh! c'est le ciel qui l'envoie!...

DELALONDE, à Jeanneton.

Merci, ma belle enfant.

(Jeanneton sort par le fond; Delalonde se dispose à entrer, lorsque la mère Delporte se place sur son passage.)

SCÈNE VIII.

DELALONDE, Mme DELPORTE.

Mme DELPORTE.

Pardon, monsieur Delalonde...

DELALONDE.

Eh! c'est la vieille mère Delporte!... Eh bien! ma bonne mère, et la santé?

Mme DELPORTE.

Ah! monsieur Delalonde, il n'y a plus de santé, plus de repos pour moi, depuis la mort de mon enfant!

ACTE II, SCENE VIII. 17

DELALONDE, à part.

Pauvre mère! (Haut.) Ah! ça, elle était donc bien délicate?...

Mme DELPORTE.

Forte! monsieur Delalonde, pleine de force, de fraîcheur et de santé!... une vraie fleur du bon Dieu!...

DELALONDE.

Et pourtant, m'a-t-on dit, elle est morte de la poitrine?...

Mme DELPORTE, avec une énergie croissante.

Mensonge!

DELALONDE.

A Naples.

Mme DELPORTE.

Mensonge!

DELALONDE.

Dans une famille anglaise!

Mme DELPORTE.

Tout cela, infâme mensonge!... elle est morte, assassinée!...

DELALONDE.

Assassinée!... qui?

Mme DELPORTE.

Ma fille!

DELALONDE.

Qui vous l'a dit?

Mme DELPORTE, égarée.

Elle!

DELALONDE, la regardant avec étonnement.

Elle!... (Pause.)

Mme DELPORTE.

Ecoutez! vous êtes un bon et digne homme, vous!... vous ne vous rirez pas des pressentimens d'une mère!.. vous croirez à ce qu'il y a de vrai et de sacré, dans ces avertissemens, que Dieu envoie quelquefois à son cœur!... c'est elle, vous dis-je, elle qui vient me voir toutes les nuits, elle que je vois... que j'entends... (Très naturellement.) comme je vous vois, comme je vous entends!...

DELALONDE.

Mais permettez!... il est impossible!

Mme DELPORTE, vivement.

Impossible!... Est-ce qu'il y a quelque chose d'impossible à Dieu?... et s'il veut me consoler, lui qui est bon!... et s'il veut que je revoie mon enfant sur terre! que j'entende encore une fois sa voix chérie, vous croyez qu'il ne le peut pas?... et s'il veut révéler un crime affreux, épouvantable, commis et caché avec une scélératesse infernale, vous croyez qu'il ne le peut pas?... Non, non, Dieu peut tout, monsieur Delalonde! Et moi aussi, j'ai cru d'abord que cette apparition n'était qu'une erreur de mes sens, un rêve de mon cerveau exalté par le désespoir et l'insomnie!... j'ai voulu la fuir, la chasser... m'y soustraire, (D'un ton solennel.) et elle est toujours revenue!... et toujours j'ai revu le fantôme de ma fille se lever devant moi et me tenir le même langage... (Plus bas.) Tenez, cette nuit encore, je me suis réveillée en sursaut, baignée d'une sueur froide... on venait de tirer mes rideaux... c'était elle!... pâle et le front sanglant : « Pauvre mère, me disait-elle, on » t'a fait croire que j'étais morte à Naples, de la » poitrine; mais ce n'est pas vrai!... je suis morte » assassinée, dans la cour de la Grange-Rouge. »

DELALONDE.

La cour de la Grange-Rouge!.. mais c'est ici!..

Mme DELAPORTE.

Oui, ici!...

DELALONDE.

Allons, madame Delporte, la douleur vous égare, et moi-même...

Mme DELPORTE, avec énergie.

C'est ici, vous dis-je; qu'on fouille, qu'on fouille, et on la trouvera!...

DELALONDE, à part.

Pauvre mère! (Haut.) Adieu, mère Delporte.

Mme DELPORTE, le retenant.

Vous ne me croyez donc pas? vous ne voulez donc pas qu'on me rende mon enfant? Je vous croyais bon, monsieur Delalonde... (Avec une exaltation croissante.) Eh bien! je viendrai moi-même!.. oui, seule, la nuit, et puis je creuserai s'il le faut, avec mes ongles, et je lui reprendrai ma fille!... et je l'emporterai!

DELALONDE.

Songez-vous à ce que vous dites, madame Delporte?

Mme DELPORTE, égarée.

Oh! vous ne m'en empêcherez pas!... ni vous, ni eux, ni personne!... je l'aurai, vous dis-je... il me la faut... ou j'en mourrais!...

DELALONDE, allant au fond.

On vient, taisez-vous, de grace!

(Il veut lui imposer silence avec la main.)

Mme DELPORTE.

Non!... je ne me tairai pas!... je veux ma fille! qu'il me la rende, qu'il me la rende morte! mais qu'il me la rende!...

DELALONDE, très agité.

Grand Dieu! je les entends. (Haut.) Eh bien! oui... oui... on vous la rendra.

Mme DELPORTE, baisant ses mains, et tombant à genoux.

Oh! vous êtes bon! vous êtes bon!...

DELALONDE.

Mais au nom du ciel, point de bruit, point de scandale... venez, venez, je les entends.

(Il sort en l'entraînant par la porte qui est à droite. Entrée générale du fond. Hubert et Mme Leblanc descendent par l'escalier, qui est près de la citerne.

JEANNETON, qui accourt du fond.

Madame Leblanc, monsieur Hubert, v'là vos

3

parens, v'là vos amis, v'là tout le village avec les gens de la noce.

(Alors Hubert et Mme Leblanc descendent l'escalier et vont au devant des invités qui entrent.)

SCÈNE IX.

Mme LEBLANC, HUBERT, LALOUETTE et les POSTILLONS, HABITANS DU VILLAGE.

Mme LEBLANC.

Bonjour, bonjour, mes bons amis.

HUBERT, allant aux postillons.

Venez, camarades... je ne suis pas fier! je n'oublie pas que j'ai été des vôtres, allez! (Il leur serre la main.) Eh bien! et toi, Lalouette, à quoi penses-tu, là bas?

BOULE-D'AMOUR.

Allons donc, Lalouette, avance donc... en avant le compliment.

LALOUETTE, très lentement.

Voilà! voilà! (A part.) Quelle humiliation!... obligé de complimenter mon rival! hum! hum! encore celle-là!... mais demain. (Haut, et d'un ton bourru.) Monsieur Hubert, les camarades ont tiré au sort pour savoir qui aurait la chance de vous allocutionner... au sujet de votre hyménée avec la bourgeoise!... c'est moi que le destin a favorisé... et je viens... (A part.) J'ai bien envie de m'en aller!

(Boule-d'Amour l'empêche de s'en aller.)

HUBERT.

Tu viens me faire un discours... Eh bien! mon garçon, fais-le.

LALOUETTE, à part.

Oh! c'est sûr, j'en ferai une maladie de peau!

HUBERT.

Allons, je t'écoute.

LALOUETTE.

Hum! hum!.. Je suis donc chargé, monsieur Hubert, de vous dire que nous faisons tous des vœux... pour... pour... (Apercevant Mme Leblanc qui vient entre eux.) pour votre bonheur, madame Leblanc, que nous vous portons tous dans notre cœur... (Appuyant.) madame Leblanc... et que si jamais vous avez des chagrins d'intérieur, madame Leblanc, nous nous ferions tous hacher pour vous, madame Leblanc... (Froidement.) Voilà, monsieur Hubert ce que j'avais à vous dire... (A part.) Ouf! je m'en suis tiré.

Mme LEBLANC.

Merci, merci, mes amis...

HUBERT.

Nous voilà tous réunis, il ne manque plus que M. Delalonde : il avait pourtant promis d'être des nôtres.

TOUS.

Ah! le voilà, le voilà!

SCÈNE X.

LES MÊMES, DELALONDE, sortant de la grange.

HUBERT.

Ah! vous étiez de retour, monsieur Delalonde; nous n'attendions plus que vous pour nous mettre à table.

DELALONDE, solennel.

Excusez-moi, mes bons amis, si je viens troubler la joie d'un pareil moment; mais il s'agit d'une mère, d'une mère au désespoir!

TOUS.

Qu'est-ce que c'est, qu'est-ce que c'est?...

DELALONDE.

Ma mission, je ne vous le cache pas, est extrêmement délicate; Mme Delporte, l'aubergiste de Saint-Pithon, a perdu, comme vous le savez, il y environ trois mois, une fille qu'elle adorait; et cette pauvre femme, dont la douleur paraît avoir troublé la raison, vous fait demander par moi, de vouloir bien laisser pratiquer des fouilles dans votre maison. (Etonnement général.)

Mme LEBLANC.

Des fouilles dans ma maison! pourquoi faire?

DELALONDE.

Cette malheureuse mère, qui toutes les nuits pleure son enfant, s'est imaginé, sur la foi d'un rêve, que le corps de sa fille devait être ici, et non en Italie!...

LES PAYSANS, riant.

Ah! ah! un rêve!...

Mme LEBLANC, de très mauvaise humeur.

Par exemple, voilà qui est fort! un cadavre dans ma maison!... est-ce qu'elle se moque du monde Mme Delporte... je le lui dirai bien, quand je la verrai.

HUBERT.

Thérèse, Thérèse...

(Il cherche à la calmer.)

Mme LEBLANC.

Mais c'est que ça n'a pas de nom!... si elle a des lubies, qu'elle les garde pour elle... Un cadavre!...

UN PAYSAN.

Monsieur Delalonde, si vous l'écoutez, elle vous en dira bien d'autres. (Rumeur parmi les paysans.) Ah! oui, allez!...

DELALONDE.

Mes amis, mes amis, vous avez raison, c'est de la folie, mais c'est la folie d'une mère! ce qu'il y a au monde de plus respectable! (Silence général. S'adressant à Thérèse.) Madame Leblanc, vous comprenez bien que je ne viens pas ici comme magistrat, et que vous avez tout à fait le droit de refuser... seulement, je vous ferai observer qu'en donnant cette satisfaction à cette pauvre femme, vous pouvez lui rendre le calme et le repos, tandis que vous la tuez, en refusant.

HUBERT, vivement.

Après ce mot, Thérèse, il ne nous est plus permis d'hésiter...

Mme LEBLANC.

C'est tout de même bien désagréable qu'il faille, un jour de fiançailles, s'occuper de choses...

HUBERT.

Allons, chère Thérèse, toi qui as si bon cœur ! (Revenant vers M. Delalonde et avec beaucoup d'aplomb.) Monsieur Delalonde, dites à Mme Delporte que pour moi, je n'oublierai jamais que j'ai dû être son gendre; quant à sa demande, tout étrange qu'elle soit, Thérèse et moi nous y accédons de grand cœur; qu'elle choisisse le jour et l'heure quelle voudra; nous sommes à ses ordres.

(Vive approbation des paysans. Alors du milieu de la foule sort la mère Delporte qui apparaît tout à coup devant Hubert.)

ooooooooooooooooooooooooooooooooooooooooooo

SCÈNE XI.
LES MÊMES, Mme DELPORTE.*

Mme DELPORTE.

Je vous remercie, monsieur, et puisque vous y consentez, le jour sera aujourd'hui !... et l'heure... à présent.

(Silence général d'effroi.)

HUBERT, interdit.

Ah !...

Mme LEBLANC.

C'est-à-dire que c'est d'une exigence...

HUBERT, se remettant vite.

Thérèse, nous avons dit le jour et l'heure que voudrait madame... et s'il ne faut que ça, madame Delporte, pour vous rendre le calme et... la raison, vous pouvez, à l'instant même, visiter ma ferme.

LALOUETTE, à part.

Ma ferme !... dis donc : *notre* ferme, du moins, usurpeur !

HUBERT, avec aplomb.

Mais par où commencerons-nous ? c'est qu'elle est grande !... ou irons-nous d'abord ?

Mme DELPORTE, le regardant fixement.

Nous resterons ici !

TOUS.

Ici !...

HUBERT.

Ici !... et quelle partie de cette cour fouillerait-on ?...

Mme DELPORTE.

Cette citerne !...

* Delalonde, madame Leblanc, madame Delporte, Hubert, Jeanneton.

(En ce moment tout le monde se retourne et se rapproche de la citerne.)

TOUS.

Cette citerne !...

(Hubert reste seul, à droite, sur le devant de la scène, en proie à une vive agitation intérieure, qu'il cherche à maîtriser.)

HUBERT, avec un sourire forcé.

Mais cette citerne est fort vieille... madame Delporte, on ne s'en sert plus depuis un temps infini et elle a été murée...

Mme DELPORTE, vivement.

Depuis le départ de ma fille !

Mme LEBLANC, d'un ton sec.

Allons, voyons, finissons-en... il ne sera pas dit que le moindre soupçon restera sur cette maison... Allons, vite, vous autres, des pioches... des outils, une échelle... et qu'on descende là dedans !* (Musique vive et agitée pour aller chercher les outils. Tous les paysans s'arment de pioches et attaquent la maçonnerie qui recouvre la citerne, pendant que d'autres vont chercher une très grande échelle, par l'escalier. Mme Leblanc venant près de Mme Delporte qui pendant tout ce temps reste au milieu du théâtre, sans voir ce qui se passe autour d'elle.) Madame Delporte, vous vous souviendrez de ça... je vous le dis, moi, parce que je suis Saint-Jean bouche-d'or !.. ce que vous faites là est mal. Un rêve !... venir nous insulter, à propos d'un rêve... les rêves, c'est bon pour les enfans !... (En ce moment la maçonnerie tombe et le trou de la citerne apparaît. Tous les paysans reculent avec effroi; la mère Delporte paraît en proie à une agitation extraordinaire. Mme Leblanc est la seule qui ait conservé son sangfroid.) Allons vite, un homme, un homme de bonne volonté, pour descendre.

TOUS LES PAYSANS, avec une crainte superstitieuse.

Oh ! pas moi ! pas moi !...

LALOUETTE, à part.

Tant pis ! je me risque, et quand je devrais y trouver le diable, j'ai comme un pressentiment que je porterai malheur !... (Haut et résolument.) Moi ! la bourgeoise !

(Tout le monde, excepté la mère Delporte, se retourne et regarde Lalouette.)

Mme LEBLANC.

Soit, toi !

HUBERT, faisant un effort, vient à Lalouette.

Oui, toi, mon bon Lalouette... toi !

(Puis il passe à gauche très préoccupé; pendant ce temps on apporte et on place l'échelle.)

LALOUETTE, à part et soupçonneux.

Mon bon Lalouette !... mon bon Lalouette !... Est-ce qu'il y aurait quelque chose !

* Lalouette, madame Delporte, Delalonde, madame Leblanc, Jeanneton, Hubert.

(Il court à la citerne, dans l'intérieur de laquelle on a dressé une échelle de 25 à 30 pieds, et il descend, après avoir fait un signe de croix. Moment d'anxiété parmi les spectateurs. Hubert, sur le devant de la scène à gauche, est pâle et défait et ne peut cacher son émotion, quoiqu'il s'aperçoive que Mme Delporte ne le perd pas de vue.)

Mme DELPORTE.

Il pâlit!... mon Dieu! il pâlit!...

Mme LEBLANC, approchant de la citerne et avec impatience.

Eh bien! est-ce fini?

TOUS.

Le voilà! le voilà!

(Bientôt Lalouette reparaît et, arrivé en haut de l'échelle, il garde un silence mécontent.)

Mme LEBLANC.

Eh bien?

TOUS.

Eh bien?

LALOUETTE, de mauvaise humeur.

Rien!...

HUBERT, avec une joie mêlée d'étonnement, et comme un homme que l'on débarrasse d'un poids énorme.

Rien!...

Mme DELPORTE, incrédule.

Rien.

Mme LEBLANC, haussant les épaules.

J'en étais sûre.

(Tout le monde entoure et félicite Mme Leblanc et Hubert. Mme Delporte tombe anéantie sur la première pierre de l'escalier.*)

LALOUETTE, à part.

Toujours mon scélérat de guignon!

JEANNETON.

C'est bien fait; pourquoi que tu crois aux revenans?

(Elle le pince en courant et va parler à Mme Leblanc.)

Mme LEBLANC.

Mes amis, on vient me dire que le dîner est servi; allons nous mettre à table, ça nous fera oublier les visions et les visionnaires...

TOUS.

Oui, oui, à table, à table.

Mme LEBLANC.

Viens-tu, notre homme?

HUBERT, sortant de sa rêverie.

Ah! oui, allons nous mettre à table... (Hubert traverse le théâtre et dit à Lalouette:) Je compte sur toi, mon bon Lalouette, je compte sur toi! (Lalouette reste pétrifié. Sortie générale.)

Mme LEBLANC, avant de sortir.

Monsieur Delalonde, vous venez, n'est-ce pas?

DELALONDE.

Je suis à vous, mes amis, dans l'instant.

(Mme Leblanc rentre dans la grange, et Delalonde va à Mme Delporte qui a continué à être absorbée par une espèce de vision.)

* Mme Leblanc, Hubert et les paysans, M. Delalonde, Mme Delporte, Lalouette, à gauche, près de l'avant-scène, avec d'autres paysans.

SCÈNE XII.

Mme DELPORTE, DELALONDE.

DELALONDE.

Eh bien! madame Delporte, vous voyez combien vos soupçons étaient chimériques... à présent vous devez être contente... ou du moins plus calme et plus tranquille. Allons, rentrez chez vous, ma bonne mère, et renoncez, croyez-moi, à ces idées qui vous tourmentent et qui font de la peine à vos voisins, de braves gens!... Il faut prendre garde... vous finiriez par vous faire des ennemis dans ce village, et je ne serai pas toujours là pour vous défendre... Adieu, bonne mère.

Mme LEBLANC, sortant de la grange.

Eh bien! monsieur Delalonde, nous vous attendons.

DELALONDE.

Je suis à vous.

(Il rentre dans la grange, avec Mme Leblanc. Mme Delporte, qu'il avait reconduite doucement jusqu'au fond, revient machinalement jusqu'au milieu du théâtre.)

SCÈNE XIII.

Mme DELPORTE, seule au milieu du théâtre et comme si elle parlait à un être invisible, qu'elle veut éloigner.

Rien!... rien!... mais alors, disparais donc, fantôme, que je vois toujours. (Elle s'approche de la citerne.) qui me montres toujours du doigt cette citerne!... disparaissez, sombres voiles!.. nuages de feu, que je ne puis percer... et qui m'empêchez de voir ce qui se trouve au fond... là au fond. (Elle se penche et s'efforce de percer des voiles invisibles, puis elle pousse un grand cri, comme si elle voyait un fantôme sortir de la citerne.) Encore toi! va-t'en! va-t'en! te dis-je, ou donne-moi des preuves... des preuves!.. m'entends-tu? des preuves qui puissent confondre et écraser l'assassin. (Épuisée par cette lutte, elle tombe évanouie derrière la citerne et se trouve entièrement cachée par un des côtés de l'escalier. Nuit complète.)

SCÈNE XIV.

Mme DELPORTE, évanouie, au fond, HUBERT.

(En ce moment Hubert sort de la grange, regarde si personne ne peut le voir, puis il s'approche de la citerne et dit, en s'appuyant sur l'échelle.)

HUBERT.

Comment donc ce gouffre a-t-il perdu son cadavre?...

ACTE III, SCÈNE 1.

(En ce moment, un étranger entre par le fond et paraît chercher quelqu'un, à qui il puisse s'adresser; il aperçoit Hubert, qui lui tourne le dos, et vient lui poser la main légèrement sur l'épaule. Hubert épouvanté, se retourne vivement et quitte l'échelle.)

L'INCONNU, faisant un pas en arrière.
Pardon, monsieur...
HUBERT, très agité.
Que voulez-vous?

L'INCONNU, très naturellement.
La demeure du procureur du roi?
HUBERT, tressaillant et pouvant à peine parler.
Là-bas! (Il montre la droite.) près de l'église!
(L'inconnu se retourne, regarde, puis remercie du geste. Le rideau tombe sur le tableau.)

ACTE TROISIÈME.

Une chambre de l'auberge de Mme Delporte. — Porte au fond. — Petit escalier, à gauche. — Grand fauteuil, à droite.

SCÈNE I.

LALOUETTE, JEANNETON, tenant une lanterne qu'elle pose sur la huche. Ils entrent par la porte du petit escalier.

LALOUETTE.
Ne tremblez donc pas... comme ça, mademoiselle Jeanneton.

JEANNETON.
Mais vous-même, monsieur Lalouette...

LALOUETTE.
Trembler! moi! un gendarme, qui va entrer en fonctions. Allons donc! la peur!... je ne connais pas ça; mais Mme Leblanc avait bien besoin de nous envoyer à l'auberge de Saint-Pithon!... et à une pareille heure encore!... Enfin, qu'est-ce que vous avez donc vu?...

JEANNETON.
A travers les carreaux.... au bout de ce corridor qui mène à la chambre de c'te feu pauvre Antoinette... j'ai vu...

LALOUETTE.
Mais, quoi donc?

JEANNETON.
Une grande robe blanche.

LALOUETTE.
Une grande robe blanche?...

JEANNETON.
Oui, une robe blanche, qui se promenait, et puis qui levait les yeux au ciel, et puis qui se croisait les mains comme ça.

LALOUETTE.
Et vous êtes bien sûre que c'était la chambre de...

JEANNETON.
De défunt c'te pauvre Antoinette... la chambre où on n'est jamais entré depuis sa mort... pas même sa mère!... et d'ailleurs vous savez bien que la vieille est toujours vêtue de noir.

LALOUETTE.
C'est juste; mais où donc est-elle, Mme Delporte!... nous avons parcouru toute la maison, sans la trouver...

JEANNETON.
Ma foi! tenez, monsieur Lalouette, ce que nous avons de mieux à faire, c'est de déposer là... sa part du souper des fiançailles, que Mme Leblanc lui envoie... pour lui prouver qu'elle n'est pas fâchée, et puis de nous en aller bien vite.

LALOUETTE.
Oui... vous avez raison... déposons... (Il pose le panier et en tire les provisions.) Tout y est, les figues, le raisin... l'oie grasse, ah!... voilà une vieille coiffée de rouge qui la ragaillardira la mère Delporte!... Attendez, une attention... oh! fameux!... faut que je lui débouche! c'te pauvre femme!... tenez... voyez-vous... elle n'aura que ça... absolument que ça à faire. (Il se verse et boit.) C'est commode, pas vrai?... (Après avoir bu.) J'avais raison... c'est un vin qui la ragaillardira joliment!...

JEANNETON.
Mais comprenez-vous, monsieur Lalouette, quelle ne soit pas encore rentrée?

LALOUETTE, se versant.
A mènuit du soir!... c'est bien singulier!... est-ce qu'elle deviendrait vacabonde. (Il boit de nouveau.)

JEANNETON, bas.
Ou peut-être qu'elle se sera oubliée comme l'autre fois à l'église, en priant pour l'âme de sa fille...

LALOUETTE, s'interrompant.
Ça se peut ça! ça se peut encore... Heureusement qu'on a songé à elle et qu'elle trouvera en rentrant de quoi souper et de bon vin!... (Il verse.) Décidément, ça la ragaillardira tout à fait.

JEANNETON.
Ah! ça, mais dites donc... vous buvez... vous buvez!... y n'en restera plus!...

LALOUETTE, regardant la bouteille.

Tiens, c'est vrai !... ah ! c'est dommage !... pauvre femme !... ça l'aurait joliment ragaillardie. (Avec un cri.) Ah ! à propos...

JEANNETON, effrayée.

Eh ben, quoi donc ? qu'est-ce qu'il y a ?...

LALOUETTE.

Rien... rien... Mais je m'amuse, je bavarde... et j'oublie qu'au petit jour faut que je sois revêtu de mon nouveau caractère.

JEANNETON.

Votre caractère ?...

LALOUETTE.

Oui, oui, les bottes, le chapeau, etc., etc., et que les camarades m'attendent pour me fêter... Excusez-moi, mamzelle Jeanneton, mais le devoir avant tout. (Il se sauve en courant.)

JEANNETON, elle court à la porte du fond qui se ferme vivement.

Eh ben ! eh ben ! monsieur Lalouette, vous vous en allez... S'il y a du bon sens !... me laisser ainsi toute seule... près de c'te chambre que... de c'te chambre où... car enfin je l'ai vue... (Criant.) Ah ! mon Dieu ! j'entends des pas... pas... on vient par là. (La porte s'ouvre.) Ah !...

(Elle pousse un grand cri et se retourne en se cachant la tête avec les mains.)

○○○

SCÈNE II.

JEANNETON, tournée près du fauteuil ; JULES DURVILLIERS, arrivant par le petit escalier.

DURVILLIERS.

Ne pourrais-je pas parler à Mme Delporte ?

JEANNETON, se retournant.

Tiens, c'est un homme ! Mais par où donc que vous êtes entré, monsieur ?

DURVILLIERS.

Par le jardin, mon enfant... j'ai trouvé une porte, celle qui conduit à cette chambre, au bout du corridor...

JEANNETON, effrayée.

La chambre au bout du corridor !

DURVILLIERS.

C'est là que je me suis installé... en attendant l'arrivée de la maîtresse de l'auberge.

JEANNETON.

A des heures pareilles !... Mme Delporte ne peut guère tarder à venir, et d'ailleurs, si je la rencontre... je lui dirai d'entrer chez monsieur.

(Elle court vite comme pour sortir.)

DURVILLIERS, vivement.

Non... non... c'est inutile !... je... je viendrai moi-même demander ce qui me sera nécessaire.

JEANNETON.

Ah !...

DURVILLIERS.

Je désire que personne n'entre chez moi !

JEANNETON, à part.

Oh ! il y a quelque chose... c'est sûr, il y a quelque chose... (Elle sort.)

○○○

SCÈNE III.

DURVILLIERS, seul.

Le procureur du roi était absent... il faut que j'attende jusqu'à demain... d'ici là, je n'ai voulu voir personne... pas même Mme Leblanc, ma tante... j'ai besoin que rien ne transpire !... (Réfléchissant.) L'homme qui a commis un pareil crime n'est pas un scélérat ordinaire !... et je ne saurais prendre trop de précautions !... Je vais donc enfin le voir et le connaître, cet homme qui, sans le savoir, fut mon rival !... cet Hubert qui avait su se faire aimer d'elle, quand moi j'étais parti du pays sans oser lui parler de mon amour !... l'infâme !... comme il a payé le dévouement le plus pur !... le cœur le plus aimant !... Pourvu que depuis son crime, le misérable n'ait pas quitté le pays... j'aurais dû m'en informer !... si j'allais !... non, si la pauvre mère rentrait en ce moment... si elle pénétrait dans cette chambre... non, non, je l'attendrai... Ah !... quelqu'un !... elle ! sans doute. (Hubert paraît.) Non, ce n'est pas elle ! que veut cet homme ?

○○○

SCÈNE VI.

HUBERT, DURVILLIERS.

HUBERT, très aimable pendant toute la scène.

Monsieur Jules Durvilliers ?

DURVILLIERS.

C'est moi, monsieur !

HUBERT.

Le bruit de votre arrivée s'est déjà répandu dans le pays, monsieur, et malgré l'heure avancée, je suis venu d'abord pour vous faire mes excuses... et...

DURVILLIERS.

Vos excuses, monsieur ?...

HUBERT, souriant.

Vous ne me remettez pas ?... c'est à moi que tantôt vous avez demandé la demeure du procureur du roi.

DURVILLIERS.

En effet, je me souviens maintenant.

HUBERT, souriant.

Vous ne l'avez pas trouvé ?... Il était chez moi !... au dîner de mes fiançailles... il y est encore... et comme j'avais commis la faute... c'était à moi de

la réparer... et vous ne serez pas surpris, monsieur, de la liberté que je prends de venir vous inviter, quand vous saurez que celle que j'épouse... est votre tante, Mme Leblanc.
DURVILLIERS.
Mme Leblanc !
HUBERT.
Vous avez quitté le pays, brouillé avec elle, m'a-t-on dit, et signaler mon entrée dans votre famille par une réconciliation, était une bonne fortune que je n'ai pas voulu laisser échapper !... grâce à mes instances, c'est Thérèse elle-même qui m'envoie près de vous... elle vous attend.
DURVILLIERS, très froid.
Monsieur, je vous suis très reconnaissant ; mais en ce moment !... cette nuit.., surtout... il m'est tout à fait impossible de quitter cette maison.
HUBERT.
Je comprends... la fatigue du voyage peut-être...
DURVILLIERS, regardant la porte de sa chambre.
Oui... oui... c'est cela... la fatigue...
HUBERT, avec aplomb.
Quant à votre affaire près de M. le procureur du roi... je suis peut-être en position de vous être utile... Je lui ai rendu quelques services... il n'a rien à me refuser, et, si vous croyez pouvoir remettre vos intérêts entre mes mains...
DURVILLIERS.
En vérité, monsieur, vous me voyez confus !... mais l'affaire dont il s'agit est trop grave !... trop importante, pour que je puisse la confier à tout autre qu'à M. le procureur du roi lui-même.
HUBERT.
Pardon... je n'insiste plus !
DURVILLIERS.
Mais puis-je savoir du moins le nom d'une personne qui me témoigne un si vif intérêt, et que bientôt je dois appeler...
HUBERT.
Je me nomme Hubert, monsieur.
DURVILLIERS, bondissant.
Hubert ! ! ! Hubert Castagnari !
HUBERT.
Oui, monsieur Durvilliers.
DURVILLIERS, avec force.
Hubert le postillon !
(On entend du bruit dans la chambre de Durvilliers, dont la porte se referme.)
HUBERT.
Mais il y a quelqu'un dans cette chambre ?
DURVILLIERS, lui barrant le passage, avec énergie.
N'avancez pas, monsieur !.. cette chambre c'est la mienne... Je vous défends d'en franchir le seuil ! Et c'est vous... vous qui vouliez vous unir à notre famille !... (Avec une grande véhémence.) Hubert Castagnari... je n'ai qu'un mot à te dire... Quand je suis parti, j'étais ton rival !... et je reviens ton ennemi mortel !
(Il sort vivement, et referme la porte sur lui.)

SCÈNE V.
HUBERT, pétrifié.

Que veulent dire ces menaces !... Je reviens ton ennemi mortel, et quand j'ai fait murer la citerne... et depuis, une ferme bâtie sur les masures !.. Si je pouvais sans éveiller les soupçons y descendre !... Oui, cette nuit... quand tout le monde sera endormi... Je veux moi-même... je veux me convaincre !.. Mais ce Durvilliers, qui dans ce moment est renfermé là... (Il s'arrête.) Avec qui donc ?... Je devine ! avec Mme Delporte... avec mon ennemie !... tous deux complottent contre moi... Eh bien, il faut, à tout prix, leur imposer silence à tous deux. (On entend du bruit.) Qui vient de ce côté ?... (Apercevant Mme Delporte qui vient du dehors.) madame Delporte !...

SCÈNE VI.
HUBERT, Mme DELPORTE; elle entre sans le voir et arrive très agitée.

HUBERT, à part, et l'examinant.
D'où peut-elle venir à cette heure...
Mme DELPORTE.
Ah ! je savais bien moi !... que j'en trouverais des preuves !
HUBERT.
Hein ! des preuves !
Mme DELPORTE.
Qui a parlé? Vous ici ! vous, dans cette chambre !...
HUBERT, souriant.
Sans doute... c'est moi, Hubert ! est-ce que vous ne me reconnaissez pas, madame Delporte ! (Il s'approche d'elle.)
Mme DELPORTE, très agitée et reculant d'horreur.
Que voulez-vous ? que voulez-vous ?
HUBERT.
Madame Delporte, je me suis échappé un instant du bal...
Mme DELPORTE, avec égarement.
Ah ! oui, un bal, une noce !..
HUBERT, avec aplomb.
Je me suis échappé un instant du bal... pour

avoir un mot d'explication avec vous; madame Delporte, à présent, je puis vous le dire, ce que vous avez fait tantôt était mal !... vous avez affligé cette pauvre Thérèse... qui est si bonne !... qui vous aime tant !... et tout cela pour rien !... car enfin, on n'a rien trouvé !...

Mme DELPORTE, triomphante.

Eux !... n'ont rien trouvé... mais moi !... moi, je savais bien que je verrais, où les autres ne pouvaient pas voir !... Je savais bien que si je descendais...

HUBERT.

Où ?...

Mme DELPORTE.

Dans la citerne !

HUBERT, vivement,

Vous !

Mme DELPORTE.

Moi !...

HUBERT.

Vous avez osé ?

Mme DELPORTE.

Seule.... tout à l'heure, la nuit... et j'y ai trouvé...

HUBERT.

Quoi donc ?

Mme DELPORTE, s'avançant.

Tiens, regarde ! (Elle lui montre une croix.)

HUBERT, la lui arrachant vivement.

Une croix !...

Mme DELPORTE.

Oui, malheureux, celle qui appartenait à ma fille... cette croix où étaient gravés vos deux noms... ose la renier !...

HUBERT, froidement après l'avoir examinée.

Ah ! oui, c'est elle !... c'est celle que je lui avais donnée, et qu'elle a perdue un jour... nous ne savions pas ce qu'elle était devenue... elle l'avait laissé tomber dans la citerne. (Silence.)

Mme DELPORTE, stupéfaite.

Oh ! quelle audace !... Penses-tu que cette explication suffira au procureur du roi ? penses-tu qu'il dira aussi...

HUBERT, avec violence.

Il dira !... (Avec douceur.) Il dira que vous êtes folle. (Mme Delporte demeure interdite.) Et il n'aura peut-être pas tort !... (Avec un intérêt faux.) Voyons, mère Delporte, expliquons-nous sans nous fâcher... Je viens à vous, en ami... mais c'est la dernière fois !..., malgré tout ce que vous avez fait, malgré ce que vous venez de faire encore... Ma femme et moi nous vous aimons et si vous voulez vous calmer, renoncer à vos rêves,.. (Avec intention.) qui ne vous mèneront à rien, croyez-moi !... si vous voulez être bonne et raisonnable, comme avant, nous vous ferons du bien !... nous prendrons soin de vous... et vous vivrez heureuse dans notre maison.

Mme DELPORTE, avec indignation.

Dans ta maison !... Hubert Castagnari ! moi, dans ta maison !... ce serait donc pour l'incendier ! Tu crois donc que je ne te comprends pas ? que je ne vois pas ce qu'il y a au fond de tes paroles... de tes faux semblans d'amitié !... mais c'est un marché ! misérable !... c'est un marché que tu me proposes ! c'est ma conscience de mère que tu veux acheter, c'est de l'or pour le sang de ma fille !...

HUBERT, troublé.

Moi, je vous jure...

Mme DELPORTE, avec énergie.

Va-t'en, te dis-je, va-t'en ! tu me fais horreur !

HUBERT, furieux, changeant de ton après un moment de silence.

Ah ! voilà comme vous refusez mes offres !... vous voulez rester notre ennemie !... Eh bien ! nous verrons... (Il remonte la scène, très agité.) Vous avez dit que vous vouliez incendier notre maison !... vous vous repentirez de cette parole, madame Delporte !

Mme DELPORTE.

Qu'oses-tu dire ?

HUBERT.

Je dis qu'après avoir été bon long-temps, on finit par se lasser !... Ah ! vous voulez rester notre ennemie !... vous en avez d'autres dans le village !... Eh ! bien, nous nous joindrons à eux... nous demanderons justice de vos clameurs.... nous vous forcerons à quitter le pays !... et s'il le faut, nous vous ferons enfermer comme dangereuse et comme folle ?

Mme DELPORTE, pétrifiée.

Me faire enfermer comme folle !

HUBERT.

Oui comme folle, et nous prouverons que vous l'êtes !...

Mme DELPORTE.

Va, va, misérable !... tu crois m'intimider... mais tu as beau faire, tu trembles, Castagnari ! et la démarche que tu fais en ce moment en est la preuve. Va répandre tes mensonges ; mais moi, je prouverai que toi seul avais intérêt à faire disparaître ma fille !...

HUBERT, riant d'un sourire convulsif.

Folle !

Mme DELPORTE.

Je dirai hautement que c'est toi, oui toi, qui l'as assassinée !

HUBERT.

Folle !

Mme DELPORTE.

Je dirai enfin, qu'hier, pendant les fouilles, tu pâlissais, Castagnari... oui, tu pâlissais !... et qu'aujourd'hui tu es venu m'offrir...

HUBERT, s'avançant sur Mme Delporte, qui recule effrayée jusqu'à son fauteuil.

Folle ! folle ! folle !... (Puis se calmant tout à coup.) Adieu ! mère Delporte, je vais de ce pas trouver le procureur du roi, lui dire que vous avez besoin de prompts secours!... (Fausse sortie.) Pardon, j'oubliais de vous rendre cette croix, à laquelle vous devez tenir... (Froidement.) et puis, c'est une preuve!... je ne voudrais pas vous l'enlever.

(Mme Delporte, qui est restée stupéfaite de l'action d'Hubert, tombe dans son fauteuil et reste un moment anéantie. La lanterne laissée par Jeanneton s'éteint peu à peu.)

ooooooooooooooooooooooooooooooooooooooooo

SCÈNE VII.

Mme DELPORTE, seule, dans son fauteuil.

Folle!... folle!... il va leur dire que je suis folle! (Avec désespoir.) Mais c'est qu'il le leur fera croire!... Si je l'étais réellement!... si cette fièvre qui me brûle, si cette image qui me poursuit n'étaient que vertige et les symptômes d'une folie réelle!... si ce meurtre enfin n'existait que dans mon imagination et qu'à force de pleurer!... (Avec désespoir.) Oh! mais, c'est impossible!... (Elle tombe accablée.) Mon Dieu! mon Dieu! ne m'abandonnez pas; laissez-moi ma raison, mon Dieu! pour que je puisse, moi, pauvre vieille! pauvre mère! lutter contre le scélérat!... car il fera tant, que si je ne suis pas folle encore, je le deviendrai bientôt!... Prions, prions... Ah! le sommeil!... merci, mon Dieu! merci... je vais revoir ma fille!...

(Elle s'endort peu à peu.)

ooooooooooooooooooooooooooooooooooooooooo

SCÈNE VIII.

Mme DELPORTE, endormie, ANTOINETTE.

(En ce moment la porte de la chambre où est entré Durvilliers s'ouvre, et l'on voit Antoinette sortir avec précaution; elle est vêtu de blanc.)

ANTOINETTE.

Jules est sorti!... je suis seule enfin!... « Pas encore, m'a-t-il dit, pas avant que je l'aie préparée... car l'une et l'autre vous seriez trop faibles; la joie tue comme la douleur. » Mais mon impatience est plus forte que toutes ses recommandations!... Oh! la voir, la voir, ne fût-ce qu'une minute!... Elle! ma mère, dont je suis privée depuis si longtemps!... Voyons, sa chambre est de côté... (Elle montre la chambre à droite.) A présent elle repose, et je puis sans crainte contempler ses traits chéris!...

(Elle va vers la chambre, à droite.)

Mme DELPORTE, rêvant.

Antoinette!

ANTOINETTE, s'arrêtant avec effroi.

Qui m'appelle! Il y a donc quelqu'un ici?

LA CITERNE D'ALBI.

Mme DELPORTE.

Ma fille!... ma fille!...

ANTOINETTE.

Cette voix!... c'est elle!... où, la voilà... endormie!... (Elle la contemple.) Oh! comme elle a souffert!... Et c'est moi! c'est moi!...

(Elle pleure.)

Mme DELPORTE, rêvant.

Antoinette!

ANTOINETTE, pleurant.

Pauvre mère, je suis toujours dans ses rêves!

Mme DELPORTE.

Es-tu là? es-tu vraiment là?... Oh! que tu me sembles misérable... pauvre enfant!... Dans mes bras! dans mes bras! (Elle lui tend les bras.)

ANTOINETTE, très émue.

Oh! je n'y résiste plus!

(Elle se penche, l'embrasse sur le front, et s'arrête immobile, épouvantée de ce qu'elle vient de faire.)

Mme DELPORTE, ouvrant les yeux et parlant comme une somnambule.

Ah!... encore... encore toi... pourquoi donc m'as tu trompée?...

ANTOINETTE, à part et très étonnée.

Trompée!...

Mme DELPORTE.

Oui, trompée!... J'ai été, comme tu me l'avais dit, dans la Grange-Rouge!

ANTOINETTE, à part.

La Grange-Rouge!

Mme DELPORTE.

J'ai fait fouiller la citerne!

ANTOINETTE, à part.

La citerne!... mais d'où donc sait-elle?...

Mme DELPORTE.

J'ai eu moi-même le courage d'y descendre!... (Tristement.) Mais je t'ai cherchée vainement!... D'où vient que tu n'y étais pas?... tu me l'avais dit, pourtant.

ANTOINETTE, à part et avec une explosion de larmes.

O mon Dieu!... vous aviez donc fait un miracle pour une pauvre mère!... vous lui aviez révélé l'affreuse vérité.

Mme DELPORTE, à voix basse et mystérieuse.

Réponds-moi donc... d'où vient... que je n'ai trouvé que ta croix... ta croix?...

ANTOINETTE, tremblante et d'une voix très douce.

Mais si, après la fuite de l'assassin... un homme, un ange, avait été attiré... par... le dernier gémissement de la victime!...

(Ici, Antoinette s'arrête et garde un moment le silence.)

Mme DELPORTE, frappée d'une nouvelle idée et écoutant.

Après... après?

3

ANTOINETTE.

S'il avait osé descendre dans cette fosse ; s'il s'était trouvé, loin de toute habitation... dans un lieu désert... privé de tout secours, en face de ta fille expirante ?...

Mme DELPORTE.

Après ?...

ANTOINETTE, s'animant.

Si, voulant avant tout dérober aux yeux d'une mère un spectacle qui l'aurait tuée, il avait emporté le corps mutilé, sanglant... pour ranimer un reste de vie !...

Mme DELPORTE, dans une agitation extraordinaire.

Que dis-tu là ? que dis-tu là ?

ANTOINETTE, faisant un pas vers elle.

A force de soins, de veilles, de prières, si au bout de plusieurs mois, il était parvenu à reprendre ton enfant à la mort !...

Mme DELPORTE.

Vivante donc !

ANTOINETTE, au comble de l'émotion.

Si enfin, quand il l'a vue assez forte pour supporter les émotions du retour, pour embrasser sa mère et confondre l'assassin, il l'avait ramenée dans ce pays... dans cette maison... dans cette chambre qui fut la sienne !

Mme DELPORTE.

Dans cette chambre !... (Elle s'élance vers elle, lui touche les mains, les bras, puis la figure.) Mon Dieu !.. mais cette fois... ce n'est pas comme les autres nuits !... cette fois... ce n'est pas une ombre qui m'échappe.. je la vois ! je la touche !... et cette larme !... cette larme tombée sur ma main... Oh ! parle !... parle donc !... est-ce toi, Antoinette, est-ce toi ?...

ANTOINETTE, se jetant dans ses bras en poussant un cri.

Ma mère !

Mme DELPORTE, poussant un cri.

Ah !... ma fille !... ma fille !... qu'un ange m'a conservée... ma fille que Dieu me rend... oh ! non, non, je ne rêve pas !... c'est toi, c'est bien toi, n'est-ce pas ?

ANTOINETTE.

Oui, ma mère, c'est moi, moi ton enfant, ton Antoinette chérie, que Dieu a sauvée par miracle !

Mme DELPORTE.

Attends... attends un peu... laisse-moi pleurer ; le bonheur me tue et les larmes... les larmes me suffoquent !... (Avec explosion.) Et il disait que j'étais folle ! l'infâme !...

oooooooooooooooooooooooooooooooooooooooo

SCÈNE IX.

LES MÊMES, DURVILLIERS.

DURVILLIERS, entrant comme un homme poursuivi, et tenant la porte.

Ah ! madame, fuyez !...

Durvilliers, Mme Delporte, Antoinette.

ANTOINETTE, courant à lui.

Ah ! tenez, ma mère, tenez, voici mon sauveur !

Mme DELPORTE, tombant presque à genoux.

Ah ! monsieur, soyez béni !...

DURVILLIERS, descendant la scène.

Oui, je vous sauverai ! mais ma tâche n'est pas encore terminée !... (On entend des clameurs éloignées.) Entendez-vous ces cris, ces clameurs furieuses ?... C'est Hubert qui vient vous accuser.

Mme DELPORTE.

M'accuser !

DURVILLIERS.

Le misérable ! j'étais sorti pour le prévenir ; mais déjà il avait ameuté contre vous tout le village invité à sa noce, en disant à tout le monde et au procureur du roi lui-même que vous étiez folle... et folle dangereuse !... que vous étiez venue de nuit dans la ferme... et que vous menaciez de l'incendier.

Mme DELPORTE.

Oh ! (Les cris se rapprochent.) Eh bien ! qu'il vienne ! qu'il vienne !...

DURVILLIERS.

Oh ! croyez-moi... éloignez-vous pour un moment... vous ne savez pas ce que c'est qu'une population prévenue, échauffée par l'ivresse, entraînée par les discours d'un misérable !... Éloignez-vous, vous dis-je, avec votre fille, et laissez-moi seul affronter leurs premières fureurs.

(Rumeurs dans la coulisse : La folle ! la folle !)

ANTOINETTE, avec un frémissement de terreur.

Oh ! ma mère... j'entends sa voix... ne me quitte pas !...

DURVILLIERS.

Au nom du ciel, retirez-vous, madame, sauvez votre fille. (Il les pousse toutes deux dans la chambre où était Antoinette. Il se place devant la porte de la chambre.)

oooooooooooooooooooooooooooooooooooooooo

SCÈNE X.

DURVILLIERS, PAYSANS, JEANNETON, puis HUBERT, DELALONDE.

TOUS.

La folle ! la folle ! la folle !

DURVILLIERS, avec force.

Malheureux ! que voulez-vous ? que venez-vous chercher ici ?

HUBERT, entrant.

Vous allez l'apprendre de M. le procureur du roi. (Delalonde entre.)

DURVILLIERS, allant à lui.

Je devine, monsieur, le motif qui vous amène : il s'agit d'une folle dangereuse !

TOUS.

Oui, oui, la folle! la folle!... il faut la renfermer.

DURVILLIERS, élevant la voix.

Cette folie, c'est à moi, à moi seul qu'il appartient de la constater, en qualité de médecin.

(Silence général.)

DELALONDE.

Qui êtes-vous, monsieur?

HUBERT.

Monsieur se nomme Jules Durvilliers; il est parti du pays mon rival, et il y revient mon ennemi mortel. C'est lui-même qui me l'a dit, ici, il y a une heure... A présent, il peut parler.

DELALONDE, avec dignité.

Monsieur, je n'examinerai pas quel intérêt vous pousse à défendre Mme Delporte... mais ce que je sais, c'est qu'hier, à ma prière, on a eu pour elle une condescendance qu'elle a bien mal reconnue... On vient de me dire qu'après des fouilles, faites sous ses yeux, et qui n'ont produit aucun résultat... elle s'est introduite de nouveau, et la nuit, dans la maison de Mme Leblanc. Un pareil acte, monsieur, est une violation de domicile ou le résultat d'un dérangement de cerveau.

HUBERT.

Sans doute, et je soutiens qu'elle est folle!

TOUS.

Mais oui! mais oui!...

SCÈNE XI.

LES MÊMES, Mme DELPORTE, sortant de sa chambre.

TOUS.

Ah! la voilà! la voilà! (Durvilliers est effrayé.)

DELPORTE.

Hubert, tu m'avais promis de me faire passer pour folle, et tu me tiens parole; mais je t'ai promis, moi, de te démasquer devant tous, et je te tiendrai parole aussi.

TOUS.

Ah!... ah!... Allons donc!

HUBERT.

Non... laissez, laissez-la parler, elle va prouver ce que je vous ai dit... et monsieur le docteur pourra constater.

Mme DELPORTE.

Hubert, j'ai fait fouiller la citerne, que tu avais fait murer, et tu as dit que j'étais folle, c'est bien! J'y suis descendue moi-même, pour en tirer cette croix, et tu as dit que j'étais folle!... c'est bien encore.

TOUS.

Une croix!...

Mme DELPORTE, avec force.

Celle de ma fille... (A Hubert.) Mais cela n'est rien, cela ne prouve rien, n'est-ce pas, Hubert?... Mais maintenant, si je te dis, qu'au lieu de conduire mon enfant sur la route, pour attendre la voiture, tu l'as fait arrêter, près des masures de la Grange-Rouge, et que là, tu l'as frappée trois fois de ton couteau, que voilà. (Elle jette le couteau devant lui.) Serai-je folle encore?

TOUS.

Ah!...

HUBERT.

Ce couteau! (Il s'agite pour l'empêcher de parler.)

Mme DELPORTE.

Si j'ajoute que le crime consommé, tu as précipité mon enfant dans cette fosse et que tu t'es enfui, sans voir et sans entendre!... sans voir qu'un homme passait sur la route... sans entendre que la victime râlait encore!... Serai-je folle, dis?...

HUBERT.

Assez!... assez! Mais ne voyez-vous pas que sa raison s'égare tout à fait?

Mme DELPORTE, vivement.

Ah! tu ne dis plus: Laissez-la parler, à présent! Ma raison s'égare, as-tu dit?... mais pour la rappeler, ma raison, tu as un moyen bien sûr... un moyen qui t'a déjà réussi..Hubert, que ne m'offres-tu de relire ensemble les lettres de ma fille!... (Elle les tire de son sein.) Ces lettres, que je gardais précieusement sur mon cœur et qui me brûlent à présent... Ces lettres, sur lesquelles tu m'as fait pleurer, comme sur les derniers adieux de mon enfant!... (Les lui présentant.) Oserais-tu les toucher encore?... oserais-tu ici, devant tous, en face de la justice, oserais-tu les relire, Castagnari le faussaire! (Elle les donne à M. Delalonde.)

TOUS.

Un faussaire!...

HUBERT, troublé.

Non... non... elle vous trompe! ces lettres, Antoinette elle-même les a écrites!..,

ANTOINETTE, entrant, et se plaçant devant Hubert.

Hubert, vous mentez!... (Épuisée par cet effort, elle tombe dans les bras de sa mère.)

TOUS, épouvantés.

Antoinette!

SCÈNE XII.

LES MÊMES, ANTOINETTE.

HUBERT, égaré.

Elle!... Elle!... Antoinette vivante!... mais qui donc... qui donc a pu la sauver?...

DURVILLIERS, s'avançant.

Moi, après Dieu!... moi qui t'ai dit que j'étais parti ton rival, et que je revenais ton ennemi mortel.

HUBERT, furieux.

Jules Durvilliers, tu m'as perdu!... mais je me vengerai! (Ramassant son couteau, il se jette sur Durvilliers; mais en ce moment deux gendarmes paraissent et l'un d'eux se précipite sur Hubert, et lui arrête le bras. C'est Lalouette.)

LALOUETTE, d'un ton gouailleur.

Halte-là, *not' bourgeois!*... cette fois, Jérôme Lalouette est là. Je vous arrête comme suspect. (A Hubert qui se débat.) Oh! vous avez beau faire! je ne vous lâcherai pas. (Raillant.) *Not' bourgeois!*

DELALONDE.

Hubert Castagnari, vous avez trompé long-temps la justice des hommes; mais vous n'avez pu tromper la justice de Dieu! (Hubert est entre les mains de Lalouette et des paysans, et, de l'autre côté, Antoinette, dans les bras de sa mère, semble partagée entre le bonheur de la revoir et la reconnaissance qu'elle doit à son sauveur.)

FIN DE LA CITERNE D'ALBI.

PARIS. — Imprimerie de BOULÉ et Cie, rue Coq-Héron, 3.

www.ingramcontent.com/pod-product-compliance
Lightning Source LLC
Chambersburg PA
CBHW060912050426
42453CB00010B/1686